커피 맛은
거기서 거기

커피 맛은
거기서 거기

김동완 지음

커핑 초보자를 위한 A to Z 밀착 가이드북

이이비리인
Publishing Co.

목차

프롤로그　커피 맛은 거기서 거기 아닌가요?　　　　**008**

맛이란 무엇일까요?

혀로만 맛을 보는 게 아니라고요?　　　　**011**

이 세상에 맛은 몇 개나 있을까요?　　　　**013**

그런데 왜 딸기 맛이 나는 커피가 있나요?　　　　**018**

걱정 말아요, 그대!　　　　**019**

커피 맛을 보는 방법!

커핑: 마시지 마세요. 스푼에게 양보하세요.　　　　**023**

프로토콜: 커피 맛을 볼 때는 규칙이 있어요.　　　　**025**

트라이앵귤레이션: 삼각형이 왜 거기서 나와.　　　　**037**

플레이버 휠: 생각이 잘 안 날 때는 나를 찾아요!　　　　**040**

커핑 폼: 처음엔 누구나 어렵죠.　　　　**042**

퍼블릭 커핑과 비즈니스 커핑
: 커핑에도 종류가 있나요?　　　　**051**

에스프레소 및 브루잉 센서리
: 그냥 마시면서 맛보면 안 돼요?　　　　**052**

내 머릿속의 지우개가 필요해

기대의 오류 Expectancy error	055
자극의 오류 Stimulus error	056
논리의 오류 Logical error	057
헤일로 Halo	058
그 밖의 다양한 오류들	059

신맛이 나야 좋은 커피라고 하던데요?

신맛 넌 누구냐!	061
시트릭산 Citric acid	061
말릭산 Malic acid	062
타르타릭산 Tartaric acid	062
락틱산 Lactic acid	063
포스포릭산 Phosphoric acid	063
아세틱산 Acetic acid	064

커핑 노트를 적어봅시다
- 커핑 초보 탈출 방법

아로마 키트로 향을 공부해요.	067
기본적인 용어를 배워봐요.	070
조금 더 어려운 용어를 써볼까요?	078

이젠 진짜 커핑 점수도 줘봅시다!

SCA 스코어링	**083**
COE 스코어링	**097**
브루어스컵 스코어링	**101**
에스프레소 스코어링	**103**
레퍼런스와 칼리브레이션	**105**

그린빈 바이어의 길을 걸어볼까요?

산지 커핑은 무엇이 다를까요?	**119**
국내외 그린빈 바이어 인터뷰	**123**
생산자가 생각하는 센서리	**129**

커피 대회도 나가볼래요!

국내외 심사관이 생각하는 센서리	**141**
국내외 커피 대회 선수가 생각하는 센서리	**150**

컵 프로파일의 흐름

커피 산지별 프로파일링	**163**
시대별 프로파일링	**169**

에필로그　커피 맛은 거기서 거기입니다.　　**187**

프롤로그

커피 맛은
거기서 거기 아닌가요?

일을 하다 보면 많은 분이 저를 찾아옵니다. 대체로 커피 '맛'을 보는 방법을 알고 싶다고 하거나 '맛'을 조금 더 잘 느끼려면 어떻게 해야 하는지 질문하시곤 해요. 보통 커피 업계에 계신 분이 많지만 요즘엔 커피 애호가뿐만 아니라 최근 커피를 접한 일반인들까지 방문층이 아주 넓어졌습니다. 그럴 때마다 저의 첫 대답은 이렇습니다.

"커피 맛은 거기서 거기 아닌가요? 따로 공부해야 할 것이 있을까요?"

답변은 그렇게 하지만 사실 저도 알고 있습니다. 아주 가까워 보이는 '거기서 거기' 사이에는 커피 맛의 스펙트럼이 얇지만 아주 넓게 퍼져 있다는 것을요. 그리고 그것을 표현하는 방법이 사람마다 달라서 어려움이 많다는 것을요. 언어가 같아도 사람마다 각기 다른 화법과 단어로 표현하고 세세한 뉘앙스 차이까지 존재하기 때문에 '커피 언어 영역'의 스펙트럼은 바다처럼 넓게 펼쳐진답니다.

하지만 커피를 좋아하는 사람들은 그걸 매력적으로 느끼는 게 아닐까요? 끝이 보이지 않는 커피 맛을 찾아 카페를 탐험하게 하고, 두꺼운 책을 들고 밑줄을 쳐 가며 공부를 하게 하며, 과연 정답이 있을까 하는 의문과 함께 열띤 토론에 뛰어들게 하는 이유가 되어 줄 정도로 말예요.

이 책을 열심히 읽는다고, 혹은 저를 찾아와서 공부하고 자격증을 취득한다고 해서 당장 커피 맛을 자유자재로 찾아내거나 화려한 미사여구로 맛을 멋지게 표현하게 될거라고는 확신할 수 없습니다. 사람마다 감각의 민감도나 발달 상태가 다르고 맛의 카테고리에 따라 역치 또한 차이가 있을 테니까요. 그래서 때로는 이 작은 차이를 찾아내려는 시도 자체도 무의미한 도전이 아닌가 하는 생각이 들기도 합니다.

하지만 한 가지는 약속할 수 있어요. 이 책을 모두 읽고 제 조언들을 실천한다면, 적어도 여러분의 목표에 조금이나마 더 가까이 다가가고, 오직 전문가의 영역으로만 여겨졌던 커피 센서리 Sensory[1] 를 친숙하게 받아들일 수 있을 거라고 말이죠.

대신 특별한 것이 아니라 '누구나 할 수 있는 일'이라고 생각하는 자신감은 꼭 가지고 시작하세요. 센서리는 기술이 아니라 언어적인 측면이 더 강한 분야거든요. 꽤 극단적인 예를 들어 미국에 사는 꼬마 아이가 영어는 우리보다 훨씬 잘하지만, 그게 꼭 우리보다 머리나 기술이 좋아서가 아닌 것처럼요. 방법(문법)을 알고 꾸준히 반복(회화)하면 영어뿐 아니라 커피 언어, 그러니까 커피 센서리에 관한 역량도 자연스럽게 성장할 거예요.

이렇게까지 이야기했는데도 아직 센서리를 잘하는 바리스타가 멀게만 보이고 범접할 수 없다는 대상처럼 느껴지나요? 한 가지만 더 말씀드릴게요. 여러분도 금세 따라갈 수 있어요. 왜냐면 정말 '커피 맛은 거기서 거기'거든요. ☺

---

[1] 감각이라는 뜻의 센서리는 시각, 청각, 미각, 후각 그리고 촉각 등의 신체적인 자극을 통해 인간의 의식에 변화가 생기는 것을 뜻합니다. 와인 등의 음료에서 출발한 센서리 평가는 커피로 확대되어 커피 맛의 프로파일을 만들거나 점수를 책정하는 데 있어 가장 중요한 역할을 하고 있습니다.

맛이란 무엇일까요?

커피 센서리를 공부하는 사람들에게 제가 처음 드리는 질문은 이것입니다. "맛이란 무엇일까요?" 무언가를 삼켰을 때 목에서 느껴지는 감각, 커피를 마실 때 입과 코를 통해 전달되는 특정한 방식, 음식을 씹을 때 머릿속 상상을 통해 펼쳐지는 가상의 시나리오에 불과하다는 답변까지 다양한 이야기를 듣게 됩니다.

어찌 보면 위 답변들 중 틀린 것은 하나도 없습니다. 실제로 각자 맛을 느끼는 방법은 다양할 수 있으니까요. 그래도 우리는 커피를 공부하는 사람들이니 검증된 과학적 사실들에 기반해서 천천히 알아가 봅시다.

혀로만 맛을 보는 게
아니라고요?

맛은 '레트로네잘 액션Retronasal Action에 의한 반응을 두뇌에서 판단하는 과정'입니다. 조금 어려운 영어 단어가 나왔죠? '비후鼻後'라는 뜻의 '레트로네잘Retronasal'은 실제 미국인에게도 어려운 단어라서 제가 몇몇 원어민들에게 물어봐도 정확히 답해 주는 사람이 없을 정도였습니다. 그도 그럴 것이 한국 사람이라고 해서 모든 단어를 아는 것도 아니고, 특히 해부학이나 의학적인 용어가 나오면 모르는 사람이 많으니까요. 이 단어도 그렇습니다. 어렴풋이 어떤 말인지는 알아도 정확하게 설명하기는 어렵죠.

그럼 지금부터 이 단어를 원어민보다 잘 이해해볼까요? 저에게 커피 센서리에서 가장 중요한 단어를 꼽으라면 이것을 주저없이 선택할 만큼 레트로네잘 액션은 핵심적인 말입니다. 레트로네잘 액션은 'Retronasal smell' 또는 'Retronasal olfaction'처럼 쓰일 때가 많습니다. '입'으로 들어온 것을 '코'로 내보내는 과정을 뜻하죠. 쉽게 설명해서 우리가 커피를 마시는 일반적인 상황을 떠올리면 됩니다. 커피가 입에 들어와 혀에 닿고 목으로 넘어가는 동시에 커피 향이 코로 올라가는 일련의 과정을 생각해 보세요. 바로 이 단순한 비후 작용이 맛을 판별하는 과정인 동시에 맛 그 자체를 가장 잘 설명하는 단어가 됩니다. 혹자는 커피 맛은 입으로 판단하는 것이라고 생각할 수 있지만, 궁극적으로 입은 그저 커피가 들어오는 통로만을 제공할 뿐, 혀에서 확인한 맛과 코를 통과한 커피의 향을 통해 최종적인 커피 맛이 판별됩니다.

자, 여기까지 이해했다면 작은 고민이 생길 겁니다. 우리는 모두 레트로네잘 액션으로 커피 맛을 확인하는데, 그렇다면 결국 혀에서 맛을 본 것일까요, 코에서 맛을 본 것일까요? 정답은 코와 입, 둘 다 맞습니다. 두 기관에서 일어나는 과정 모두 맛을 보는 데 있어서 빠질 수 없으니까요.

더 쉬운 예를 들어볼까요? 달달한 딸기 맛이 나는 커피가 있다고 해보죠. 우선 혀는 맛Taste을 감지하므로 달달한 맛이 나는 어떤 액체가 입으로 들어왔음을 즉시 판단할 겁니다. 그와 거의 동시에 코는 향Smell을 체크하면서 딸기 맛이 나는 무언가를 감지합니다. 이렇게 맛과 향을 아울러 이야기할 때 우리말로는 맛이라는 단어로 포괄하고 한자어로는 향미香味, 영어로는 플레이버Flavor가 되는 거죠.

결국 조금 전 예를 든 '달달한 딸기 맛' 나는 커피는 사실 단'맛'이 잘 나오고 딸기 '향'이 잘 살아 있는 커피로 이해할 수 있겠습니다. 이렇게 따져보니 커피 맛을 보기 위해 가장 중요한 건 나의 미각味覺이 아니었군요. 굳이 고르라면 후각嗅覺이 더 중요하겠네요. 무시무시하고 극단적이지만 커피를 마실 때 혀가 없다면 레트로네잘 액션의 1단계 액션인 혀에서의 접촉Detection이 발생하지 않아서 어떤 음식인지 판별하기 어려울 수 있지만, 2단계 액션인 코에서의 인지Recognition는 정확하게 일어나기에 어떤 향인지 파악할 수 있으니까요.

하지만 역으로 코가 없다면 인지가 발생하지 않아서 아예 어떤 것인지 알 수 없게 됩니다. 콜라를 마실 때 혀를 거치지 않고 목으로 콸콸 부어도 무엇인지 판단하긴 쉽지만, 반대로 감기에 심하게 걸렸을 때 혹은 당장 코를 손으로 꽉 막고 무언가를 마시면 그것이 어떤 종류인지 아예 분간할 수 없는 것과 같습니다.

그렇다면 미각과 후각 두 가지의 과정만 있으면 맛을 표현할 수 있을까요? 그럴듯해 보이지만 결코 그렇지 않습니다. 혀와 코에서 체크한 맛은 최종적으로 머릿속에서 특정한 판단을 거쳐야하기 때문이죠. 이 마지막 결정을 해 주는 건 뇌신경Cranial nerve입니다.

통증과 온도 변화를 감각하는 삼차신경Trigeminal nerve을 중심으로 한 열두 쌍의 뇌신경은 커피를 마실 때 맛과 향을 매우 빠르게 판단해 '이건 무슨 맛이다!'라고 표현할 수 있게 해 줍니다. 따라서 제 아무리 미각이 뛰어난 대장금 같은 친구가 있다 하더라도 감기에 걸려서 후각을 잃어버리면 그 어떤 맛도 볼 수 없고, 또 후각이 잘 살아 있어도 뇌에 문제가 생긴다면 맛을 판단할 수 없는 것이죠. 그렇다면 이러한 질문이 나올 수도 있겠습니다. "저는 혀와 코, 뇌신경에 문제가 없는데 왜 커피 맛을 잘 볼 수가 없나요?" 조금 슬프게도 커피 센서리를 잘하기 위해 미각이나 후각을 가다듬는 것과 그것을 표현하는 것은 별개의 문제입니다. 둘 모두 매우 중요한데, 이 부분은 차차 다시 이야기하도록 해요.

이 세상에 맛은 몇 개나 있을까요?

지금까지 맛을 보는 과정을 정의해 봤습니다. 이 과정을 통해서 우리가 공부해야 하는 맛은 몇 개쯤 존재할까요? 불행 중 다행으로 생각보다 많지 않습니다. 많이 잡아봐야 열 개 이내예요. 물론 일반적으로 맛은 다섯 가지라고 하지만 그보다 조금 더 많다고 볼 수도 있습니다. 왜 그런지 계속 이야기를 해보죠.

단맛 Sweet

다섯 가지 맛 중 가장 대표적인 맛이라면 단맛이 아닐까요? 누구나 좋아하고 기분 좋은 맛! 그 단맛이 첫 번째 맛이 되겠습니다. 단맛을 체크하기 가장 쉬운 음식은 무엇일까요? 맞아요. 설탕입니다. 설탕을 먹어보면 '이게 단맛이다!'라고 쉽게 인지할 수 있죠. 그렇다면 커피에는 이 단맛이 들어 있나요?

제가 다년간의 바리스타 생활을 하며 손님들에게 "이 커피는 단맛이 굉장히 좋습니다"라고 설명하고 커피를 내려드렸을 때의 반응은 극과 극으로 나뉩니다. 어떤 손님은 "와! 단맛이 정말 기가 막히네요"라고 하는 반면, 또 다른 손님은 "엥? 단맛이 있다고요? 저는 전혀 모르겠는데요"라고 하기도 합니다. 왜 이런 일이 벌어지는 걸까요?

그건 커피에 존재하는 단맛이 우리가 느끼는 단맛과 조금 다르기 때문입니다. 순수한 설탕은 자당 Sucrose을 함유하고 있는데, 설탕이 흰색에 가까울수록 자당의 비율이 높습니다. 즉, 사탕수수 등을 정제해서 만드는 정제당, 사탕수수를 직접 짜서 만드는 주스에서는 우리가 생각하는 설탕과는 다른 느낌의 단맛을 경험할 수 있습니다. 밥을 오래 씹으면 느껴지는 단맛과 비슷하다고 할까요? 따라서 커피에 설탕을 넣어 먹을 때는 우리가 일반적으로 생각하는 단맛을 쉽게 찾을 수 있지만 비정제 상태의 커피 본연의 단맛은 미처 발견하지 못할 수 있습니다.

그러므로 여러분이 바리스타일 경우, 손님들에게 커피의 단맛을 소개할 때 무조건 달다고 표현하기보다 은은한 비정제의 단맛, 일례로 코코넛 워터를 마실 때 느껴지는 단맛을 찾아보라고 권한다면 손님들도 커피의 단맛을 아주 쉽게 파악할 수 있을 겁니다. 또한 커피는 기본적으로 쓴맛이 강하기 때문에 단맛이 상대적으로 가려질 수밖에 없다는 점도 간과할 수 없겠죠. 하지만 한 번 커피의 단맛을 찾아낸다면 그 후부터는 커피에 따른 단맛의 정도 차이를 쉽게 감지할 수 있습니다.

신맛 Sour

두 번째 맛으로는 신맛을 꼽겠습니다. 신맛 하면 레몬을 많이 떠올리죠. 커피에도 신맛이 있을까요? 다크하고 클래식한 커피를 즐겼다면 잘 모를 수 있지만 요즘 유행하는 스페셜티 커피에는 기본적으로 풍부한 신맛이 있으니 너무나 당연하다고 생각할 수도 있겠습니다. 오히려 신맛이 나면 싫다고 "신맛 없는 커피로 주세요!"라고 외치는 분들도 계실 정도니까 커피와 신맛은 꽤 관계가 깊다고 할 수 있겠네요. 그런데 왜 누군가는 신맛이 나는 커피가 좋다고 하고 또 다른 누군가는 싫다며 빼 달라고 할까요? 신맛은 스페셜티 커피에서 매우 중요한 영역이므로 다른 파트에서 이야기를 더 깊게 해보겠습니다.

쓴맛 Bitter

커피의 대표적인 맛 중 하나가 쓴맛이라는 것은 두말하면 잔소리죠! '커피=쓴맛'이라는 공식까지 있었을 정도니까요. 그렇다면 커피는 왜 쓸까요. 많은 사람이 카페인의 영향이라고 알고 있지만 사실 카페인은 억울합니다. 커피에서 카페인이 차지하는 비중이 높지도 않을뿐더러 디카페인 커피를 마셔도 쓴맛은 여전히 비슷하게 난다는 사실을 생각해 보면 그럴 만도 하죠.

그럼 주범은 누구일까요. 바로 클로로겐산$^{Chlorogenic\ acid}$입니다. 이 클로로겐산도 로스팅 과정에서 대부분 손실이 일어나기 때문에 억울할 수 있습니다. 그렇다 해도 완전히 무고하진 않아요. 클로로겐산이 분해되며 커피산$^{Caffeic\ acid}$과 퀸산$^{Quinic\ acid}$으로 재탄생하는데, 이들이 주로 쓴맛을 담당하기 때문이에요. 그리고 커피산과 퀸산 또한 페놀^{Phenol}이나 카테콜^{Catechol} 등으로 분해되고, 이 물질들도 모두 쓴맛을 강하게 가지고 있답니다.

조금 어려운 용어들이 등장했지만, 커피에 있는 카페인도 약간의 쓴맛을 담당하고 있으나 실제로 가장 큰 역할을 하는 것은 클로로겐산이며 이것이 분해하며 다양한 쓴맛을 낸다는 게 핵심입니다. 쉽죠?

따라서 클로로겐산은 '산^{Acid}'이지만 신맛을 주는 산이 아니라 쓴맛을 주는 산입니다. 많은 분이 산 하면 신맛을 떠올리지만, 클로로겐산뿐 아니라 아미노산 등 다양한 산이 쓴맛이나 단맛 등 다채로운 맛을 갖고 있으니 오해하지 말아 주세요. 조금 더 팁을 드리자면 앞서 언급했듯 클로로겐산은 로스팅에 따라 다양한 산으로 분해되는데, 로스팅이 어느 정도로 되었는지에 따라 기분 좋은 쓴맛부터 기분 나쁜 쓴맛까지 다양한 스펙트럼이 형성될 수 있습니다. 쓴맛이라고 다 나쁜 맛은 결코 아니니까요.

짠맛 Salty

짠맛을 느낄 수 있는 대표적인 예로는 누구나 떠올릴 법한 소금이 있습니다. 그렇다면 커피에서도 짠맛이 느껴질까요? 대만에서는 소금커피가 유행하기도 했다지만 기본적으로 커피에는 짠맛이 없습니다. 물론 아주 없는 것은 아닙니다. 미량의 나트륨이 있을 수도 있고 짠맛을 줄 수 있는 성분이 전혀 없지는 않습니다. 그럼에도 불구하고 논란이 되

리스트레또

는 건 누군가는 짠맛을 크게 느꼈다고 하고 누군가는 아예 느낀 적이 없다고 하기 때문입니다. 이유는 간단합니다. 바로 커피에 따라 다르기 때문이죠. 커피의 종류에 따라 다르다는 것은 아니고, 누가 어떻게 커피를 추출하는가에 따라 다르다는 표현이 조금 더 정확합니다.

혹시 리스트레또^{Ristretto}를 드셔보신 적이 있나요? 일반 에스프레소보다 농도가 강하고 매우 낮은 수율로 뽑아서 마시는 일종의 강한 에스프레소입니다. 보통 리스트레또처럼 높은 농도에 낮은 수율로 추출하면 짠맛이 느껴질 가능성이 높아집니다.

이는 짠맛 자체가 증가한다기보다 우리 뇌에서 판단할 때 매우 짜다고 판단할 여지가 많아지는 것이라고 할 수 있어요. 즉 고농도 커피$^{High\ concentration\ coffee}$를 추출하면 맛 사이의 간격이 매우 좁게 다가오고 거기다 맛의 강도가 매우 높다보니 그와 유사한 형태인 짠맛이 떠올라서 일단 '짜다'라고 판단하게 되는 겁니다. 총 나트륨 함량은 같더라도 국물이 자작자작한 라면을 먹으면 매우 짜다고 느끼는 사례와 유사합니다. 하지만 라면은 짜게 드시는 분이 있어도 짠 커피는 좋아하는 사람이 없는 편이므로 내 커피에서 짠맛이 많이 난다면 추출 방법을 바꿔보는 것도 좋겠습니다.

감칠맛 Umami

다섯 번째 맛은 감칠맛입니다. 우리가 흔히 아는 조미료의 맛이라고도 할 수 있죠. 하지만 실제 감칠맛은 MSG^{Monosodium glutamate}에서 느껴지는 맛으로, MSG는 화학적인 물질이 아닌 해조류를 비롯한 동식물성 재료에서 나오는 자연 물질입니다. 감칠맛이 영어로 우마미^{Umami}가 된 이유는 일본인 학자가 이 맛을 처음으로 개진하고 인정받았기 때문이라고 해요. 한국에서도 언젠가 새로운 맛을 발견해 한글 이름의 맛이 추가됐으면 좋겠습니다.

물론 커피에는 MSG 성분이 들어있지 않기 때문에 직접적인 감칠맛이 들어 있다고 할 수는 없지만 커피 센서리 프로파일을 만들 때 우마미라고 표현하기도 합니다. 여러 가지 조합을 통해 감칠맛의 느낌은 충분히 있을 수 있다는 뜻이죠. 보통 커피의 뒷맛이 전혀 드라이하지 않고 끈적하게 남아 있거나 단맛과 짠맛의 어느 경계에 있는 기분 좋은 맛이 날 때 우마미라는 프로파일로 묘사하곤 합니다.

또 다른 맛은 없을까?

전술한 바와 같이 맛이라고 하면 다섯 가지 맛을 많이 떠올리지만 그것들만이 전부는 아닙니다. 감칠맛이 나오기 전까지만 해도 우리는 네 가지 맛이 전부인 줄 알기도 했잖아요. 그래서 수년 전에 나온 '올레오거스터스^{Oleogustus}'처럼 새로운 맛이 연구되기도 합니다. 이 맛은 영어로는 'Fatty', 지방 맛으로 번역이 되기도 했어요. 이처럼 인간의 미각이 구별할 수 있는 맛은 더 많이 존재하는 것으로 보여집니다. 커피에서는 주로 단맛, 신맛 그리고 쓴맛을 이야기하지만 앞으로는 맛에 대한 연구에 따라 다양한 화두가 나타나겠죠. 그러니 어렸을 때 배운 다섯 가지 맛에만 갇혀서 생각하지는 마세요.

그런데 왜 딸기 맛이 나는 커피가 있나요?

아주 많이 양보해서 지금 커피에서 다섯 가지 맛이 모두 나온다고 해도 조금 이해가 가지 않는 부분이 있을 겁니다. 딸기 맛, 망고 맛, 초콜릿 맛, 견과류 맛이 나는 커피는 도대체 어떻게 된 걸까요? 앞의 글을 꼼꼼하게 읽은 분은 아실 거라 생각하지만 이는 저 다섯 가지 맛과는 또 다른 이야기입니다.

다섯 가지 맛들은 혀에서 느껴지는 기본적인 맛을 정의한 것이고, 실제로 우리가 이야기하는 맛은 훨씬 복잡하고 많을 거라는 뜻이죠. 이는 혀 외에 코에서 느껴지는 것이 있기 때문입니다. 딸기 맛이 나는 커피는 기본 다섯 가지 맛 중에서는 단맛이 좋고 그 위에 딸기 같은 향미 성분이 결합된 맛이라고 보면 되겠습니다. 그래서 혀에서는 단맛을 느끼고 코에서는 딸기 향을 감지하여 뇌에서 최종적으로 '딸기 맛 커피'로 판단을 내리는 거죠. 이렇게 다섯 가지 맛과 수많은 향을 조합하면 셀 수 없을 정도로 무수한 맛이 생기

〈 넓고도 넓은 맛의 범주 〉

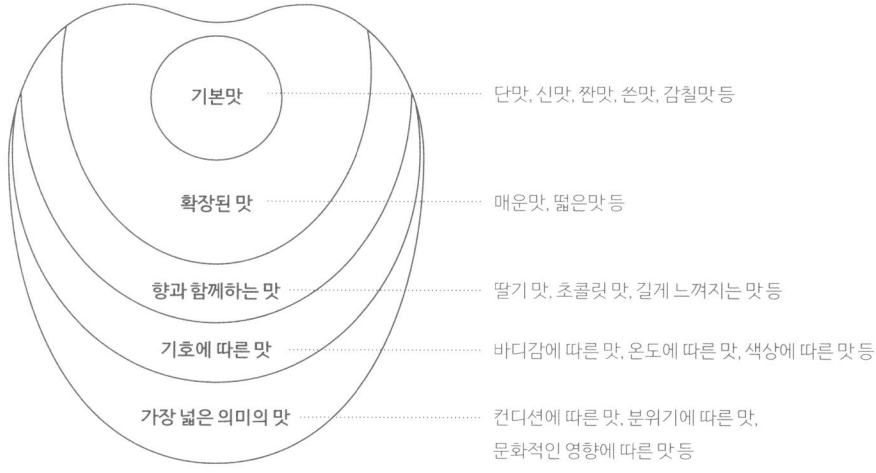

게 됩니다.

간혹 커피에서 매운맛^{Spicy}이 난다고 하는 분도 계십니다. 매운맛은 다섯 가지 기본 맛에 포함되지 않고 뇌에서 통각의 영역으로 해석되는 통증입니다. 하지만 맛과 향이 결합할 때 혀에서는 강렬한 쓴맛이 나타나고 코에서는 매콤한 느낌의 향이 결합한다면 충분히 매운맛 커피로 표현할 수 있겠습니다.

공부하는 입장에서 조금 더 나쁜 소식을 전하자면 기본 맛이나 향 외에도 맛을 판단할 때 고려할 요소가 많다는 사실입니다. 기본 다섯 가지 맛 외에 조금 더 확장한 범주에 매운맛이나 떫은맛^{Astringent} 등을 넣을 수 있고, 여기에 앞서 이야기한 후각에서 느껴지는 향을 합하면 우리가 흔히 프로파일을 쓸 때 나오는 커피 맛이 되죠. 물론 여기서 끝이 아닙니다. 범위를 더 넓혀보면 맛이 훨씬 복잡하게 느껴집니다. 맛의 길이를 나타내는 진폭^{Amplitude}이나 연속성^{Continuity} 등을 포함하면 더욱 다양하게 표현할 수 있으며 바디감, 질감, 온도의 느낌을 추가하면 또 다른 맛이 탄생합니다. 커피의 색상이나 커피 잔의 모양, 그리고 흐르는 음악에 따라 같은 커피도 다른 맛으로 나타나고요. 끝으로 커피를 마시는 사람의 기분과 건강상태, 살아온 환경이나 문화적인 요소에 따라서도 커피 맛은 수없이 쪼개져서 다섯 가지 맛에서 무한히 뻗어 나가게 됩니다. 이러니 같은 커피를 두고도 각자 다른 맛을 이야기 하는 거죠.

걱정 말아요, 그대!

이렇게 많은 커피 맛을 어떻게 표현하고, 또 어떻게 센서리 프로파일을 만들까 싶겠지만 너무 걱정하지 마세요. 왜냐고요? 우리가 이야기했듯 가장 기본적인 미각은 많아야 대여섯 가지 맛에서 나오고, 향 자체는 무한할지언정 커피에서 나오는 향은 생각보다 많지 않거든요. 마찬가지로 애프터테이스트라고 불리는 맛의 길이나 질감 등의 바디감을 비롯하여 고려할 사항이 많아 보이지만, 커피에서 나올 수 있는 요소는 어느 정도 한정된 범주에 있기 때문에 현실적으로 공감할 수 있는 커피 프로파일은 수십 가지 정도에 불과할 것입니다.

물론 그 범주 안에서 또 다른 미묘하고 섬세한 표현의 프로파일을 만들 수 있지만, 그것은 큰 틀이 잡히고 조금 더 프로페셔널해진다면 쉽게 할 수 있는 튜닝의 일종이기 때문에 처음부터 겁먹을 필요는 없습니다. 그러니까 처음에는 커피를 마시면서 복잡한 프로파일을 생각하지 않고, 다섯 가지 맛 중에 어떤 맛이 있는지를 찾고 내가 아는 향 중에 무엇에 가까운지 발견해낸다면 그걸로 90%는 성공입니다.

커피 맛을
보는 방법!

이제 본격적으로 커피 맛을 보도록 합시다. 물론 커피 센서리를 공부하기로 마음 먹은 여러분 중에는 커피 맛을 볼 때 그냥 종이컵에 받아서 호로록 마시며 체크하지 않는다는 사실을 아는 분이 많을 거예요. 구체적으로 어떤 방법을 이용해야할까요?

커핑
: 마시지 마세요. 스푼에게 양보하세요.

커피를 마시는 관점이 아닌 평가라는 관점에서 보면 우리는 '커핑Cupping'이라는 방법으로 커피 맛을 체크해야 합니다. '커핑'이란 직역하자면 컵을 계속해서 맛보는 행위를 뜻합니다. 그런데 평소처럼 맛보는 게 아니라 스푼을 가지고 진행해요. 그냥 컵에 입을 대거나 빨대로 마시면 편한데 왜 힘들게 스푼으로 떠 먹어야 할까요?

바로 입안에 커피를 최대한 분사시켜서 명확하면서도 다양한 느낌을 얻기 위함입니다. 우리는 이렇게 먹는 방식을 '슬러핑Slurping[1]'이라고 합니다. 즉, 호로록! 하고 빨아 마셔야 한다는 것이죠.

슬러핑

---

[1] 슬러핑은 'Slurp(시끄럽게 소리내어 먹다)'에서 파생된 단어입니다. 카페에 놀라가면 직원들이 컵에서 스푼으로 커피를 떠서 호로록! 시끄러운 소리를 내며 마시는 장면을 목격할 수 있습니다. 그럴 때 너무 놀라지 마세요. 예의가 없는 게 아니라 이렇게 해야 커피 맛을 더 정확하게 평가할 수 있기 때문이니까요.

다양한 형태의 커핑스푼

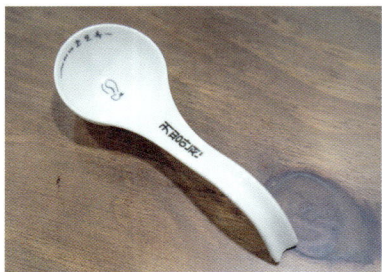

따라서 커핑 경험이 없다면 이것만 기억하세요. 커피를 체크하기 위해서는 '커핑'이라는 과정을 진행하는데 이는 컵에 분쇄한 원두를 넣고 물을 부은 뒤 스푼으로 떠 먹는 것이다! 스푼으로 마실 땐 그냥 국물 먹듯 하지 않고 슬러핑이라는 행동으로 강하게 호로록! 빨아마신다.

스피트 컵

더불어 한 가지 기억해 두면 좋은 것이 있습니다. 보통 커핑할 때는 실제로 커피를 마시지 않고 슬러핑한 커피를 입안에서 체크한 뒤 스피트 컵Spit cup 혹은 스피툰 컵Spittoon cup이라는 별도의 컵에 뱉는다는 점입니다. 여러 개의 커피를 커핑하다 보면 카페인에 취하거나 미각이 점점 무뎌질 수 있기 때문에 마시지 않고 뱉는 것이 상당히 중요합니다. 이렇게 커피를 뱉는 행위를 '스피팅Spitting'이라고 합니다.

처음에는 슬러핑하고 뱉는 것이 익숙하지 않을 겁니다. 스푼으로 강하게 슬러핑하면 사레 걸리듯 목에 걸려서 켁켁거리며 고생하는 분이 대부분이에요. 그럴 때는 처음부터 너무 강하게 빨아들이려 하지 말고 살짝만 더 세게 빨아서 호로록! 소리가 들리는 정도로 시작하면 됩니다. 단, 평소 라면 국물을 먹을 때처럼 천천히 빨아들이면 커피 맛을 느끼기가 힘듭니다. 기억하세요! 호로록! 소리가 날 정도로 빨아들이되 목에 걸릴 정도로 세게 슬러핑하지 말자! 그리고 입안에서 천천히 한 번 더 음미한 뒤 스피트 컵에 뱉자.

어려워 보이지만 몇 번만 반복하면 본인만의 패턴을 찾을 수 있을 겁니다. 지금까지 커핑에 관해 큰 그림을 살폈으니 이제 작지만 중요한 규칙들을 배워볼까요?

프로토콜
: 커피 맛을 볼 때는 규칙이 있어요.

위의 글을 자세히 읽었다면 대략적인 커핑 방법이 눈앞에 그려질 거예요. 하지만 그 외에 다른 세세한 규칙도 많이 있겠죠? 이를 '커핑 프로토콜'이라고 합니다.

커핑 프로토콜을 만들어 둔 이유는 전 세계 그 누가 커핑을 하더라도 같은 조건에서 진행해야 문제가 없기 때문입니다. 예를 들어 "나는 진한 커피가 좋아서 원두를 많이 넣어!"라던가 "난 뜨거운 것은 잘 못 마셔서 커핑할 때도 식혀서 해" 하고 다른 방식으로 커핑한다면 각자 다른 느낌의 커피를 마시게 되는 셈이라 대화가 통하지 않을 수 있겠죠? 그래서 전 세계에서 가장 큰 커피 협회인 SCA[2]는 커핑과 관련해 아래와 같은 규정을 마련해 뒀어요.

SCA 커핑 규정

1) 환경: 좋은 채광, 조용한 환경, 테이블에서 진행, 쾌적한 온도

2) 추출: 골든컵 규정에 따라 최적의 추출률로 진행 (물 1㎖당 0.055g의 원두를 사용/ 125~175ppm, 92~97℃의 물 사용)

3) 로스팅: 8~12분 사이의 샘플 로스팅, 아그트론 넘버 (홀빈 58, 분쇄원두 63)

4) 원두 상태: 미디엄~미디엄 라이트, 원두의 끝이 타거나 일부가 떨어져 나간 티핑 Tipping이 존재하면 안 됨

5) 원두 보관: 20℃ 이상 상온에서 보관, 8~24시간 이내 커핑

6) 분쇄: 디팅 or 말코닉 그라인더로 US 메쉬 시브 사이즈 20에 70~75% 통과하도록

7) 샘플: 1종류당 5컵 이상 준비

8) 분쇄 후 원두 관리: 15분 이내에 물 붓기, 유리 커버가 있을 경우 30분까지 허용

9) 시향 및 시음 방법: 스니핑/슬러핑 사용

시간별 커핑 절차

- 시작 전: 분쇄 향기 체크 (드라이 아로마 확인)

- 0~4분: 물 붓기 (웻 아로마 확인)

- 4~6분: 브레이킹 & 브레이킹 아로마 체크

- 6~8분: 스키밍 & 아로마 체크

- 12~17분(Hot): 69~73℃

- 17~22분(Warm): 58~62℃

- 22~27분(Cool): 37℃

- 점수 계산

우선 '1) 환경'은 적당히 좋은 환경에서 진행하라는 뜻이니 크게 신경 쓰지 않아도 됩니다. 예를 들어 너무 덥거나 춥지 않고 시끄럽거나 부담감이 있는 환경이 아닌, 커핑을 함에 있어서 커퍼가 불편함을 느끼지 않는 환경을 만들어야 한다는 이야기죠. 그다음 '2) 추출' 부분부터 본격적으로 들어가 보면 '골든컵 규정에 의해 최적의 수율로 진행'하라는 말이 나오는데 여기서부터 숨이 턱 하고 막혀옵니다.

하지만 뜯어보면 어렵지 않아요. SCA는 다양한 연구를 통해 커피가 가장 맛있는 최적의 상태와 수율을 골든컵 Golden Cup [3] 이론으로 정립해 뒀답니다. 커피는 기호와 취향의 영역이므로 각자 내려 마시고 싶은 대로 마시는 게 맞을 수도 있지만, 그 안에서도 훌륭한 커피에 대한 평균치 내지는 기댓값이 있겠죠?

즉, 전 세계를 통틀어 커피를 마시는 사람들에 대한 통계를 냈을 때 '이 정도 수준으로 내리면 가장 많은 사람이 좋아하더라'는 이론이 있다는 것이죠. 그것에 맞춰서 커핑을 진행하자는 취지에서 SCA 골든컵 이론이 만들어졌습니다.

그럼 어떻게 내려야 가장 맛있을까요? 괄호 안의 수치가 그 골든컵 규정입니다. 여러분이 브루잉을 해서 마실 때는 물 1㎖ 당 0.055g의 원두를 사용해서 추출하면 됩니다. 이때 물의 성분은 125~175ppm에 92~97℃의 온도로 내리면 가장 좋다는 것이고요. 따라서 커핑도 이에 준해서 진행하면 됩니다.

아직 어렵나요? 사례를 통해 쉽게 정리해 드립니다. 먼저 커핑 볼(커핑 컵)을 준비합니다. 커핑 볼은 별도로 판매하는 것을 써도 되지만 적절한 컵을 주변에서 찾아 사용해도 됩니다. 집에 있는 공기나 볼이 조금 넓은 머그컵을 사용해도 돼요. 준비한 커핑 볼은 용

---

2 SCA는 'Specialty Coffee Association'의 줄임말로 미국스페셜티커피협회 SCAA와 유럽스페셜티커피협회 SCAE를 통합해서 만든 비영리 커피 협회입니다. 월드바리스타챔피언십 World Barista Championship, WBC 등의 대회를 주관하며 전 세계 커피 엑스포를 유치하고 각종 커피 자격증을 인증해 주는 기구로 커피 업계에서는 가장 큰 단체입니다.

3 추출수율과 농도의 이상적인 비율을 나타낸 개념.

커핑 볼을 이용한 커핑 과정

량을 체크합니다. 저울에 올려놓고 물을 부어보면 돼요. 예를 들어 물이 200㎖(약 200g) 들어간다면 물의 양인 200에 0.055를 곱하면 됩니다. 0.055를 곱하는 이유는, 그것을 곱한 값이 통계적으로 가장 맛있는 골든컵 수치이기 때문이죠. 물론 지역별로 약간 차이가 있지만, 통계적으로 그러하기 때문에 커핑도 이 룰을 따릅니다. 이 예시처럼 내 컵에 200㎖의 물이 들어간다면 0.055를 곱했을 때 11이 나오는군요! 즉, 11g의 원두를 갈아서 넣으면 된다는 것! 듣고 보니 간단하죠?

물은 125ppm 정도를 사용하라고 되어 있죠. 이 수치는 미네랄 함량을 가리킵니다. 우리나라의 물은 대체로 이 규정을 만족하지만, 시중에서 판매하는 몇몇 물은 저 범위를 벗어나기도 합니다. 일부 삼다수는 ppm이 꽤 낮아서 범위에 속하지 못하고, 에비앙 같은 수입산 물은 반대로 기준보다 ppm이 높기도 합니다. 하지만 서울의 아리수를 포함한 대부분의 물은 규정에 부합하니 크게 신경 쓰지 않아도 돼요. 단, 수돗물은 ppm 규정은 만족하지만 불소 등의 성분으로 인해 소독약향이 날 수 있기 때문에 필터링을 거친 물을 권해드려요. 물의 온도는 조절할 수 있는 도구가 있으면 좋지만, 없다면 끓인 물을 약 1분 정도 식혀서 부으면 규정에 있는 92~97℃의 물이 됩니다.

이제 '3) 로스팅'을 살펴볼까요? 원두를 구입해서 집에서 커핑을 하는 분께는 해당되지 않지만 이 내용을 모르고 있으면 본인 방식대로 로스팅을 진행해서 문제가 되기도 합니다. 일단 8~12분 사이로 로스팅한 원두를 사용하라고 되어 있는데, 이건 사실 요즘 시대에는 조금 맞지 않을 수 있어요.

왜냐하면 규정이 만들어질 당시에 비하면 로스터기가 상당히 다양해졌고, 이에 따라 더 빠르게 로스팅해야 커피가 제대로 볶이는 로스터기도 생겼거든요. 그러니 이 부분은 참고만 하시되 그 뒤에 적혀 있는 아그트론^{Agtron} 수치에 더 주목해 주세요. 이 수치는 화장품에 표기된 호수와 유사합니다. 밝기를 나타내는 수치로, 숫자가 높으면 원두 색이 밝다는 뜻입니다. 너무 어두운 커피를 커핑하는 것은 평소에 비해 너무 진한 화장을 하는 것과 비슷해요. 친한 친구조차 누구인지 알아보기 어려워지는 거죠. 반대로 너무 창백한

색도계

화장도 본인의 본래 모습을 체크하기 어렵게 만들겠죠?

사실 아그트론은 기기 이름이자 회사 이름인데, 커피 색을 재는 색도계의 대표라서 통상적으로 커피 색도계 수치를 아그트론 넘버 Agtron Number로 표현하고 있습니다. 워낙 독점적인 기술이었기 때문에 후발 색도계 회사들도 아그트론 넘버에 맞춰서 생산하고 있으므로 어떤 색도계를 쓰더라도 아그트론 값을 볼 수 있을 겁니다.

자, 이러한 배경지식보다는 이 숫자가 의미하는 것이 더 중요합니다. 앞서 숫자가 높으면 더 밝은 원두라고 말씀드렸죠? 그 이유는 색도계가 원두에 빛을 반사시켜서 반사율을 계산하고 반사가 많이 될수록 숫자가 높게 나오기 때문입니다. 극단적으로 0이 나온다면 반사가 전혀 일어나지 않은 검은색 원두가 되겠습니다.

다음으로 홀빈일때는 58, 분쇄했을 때는 63을 기준으로 커핑하라고 돼 있죠. 이 항목도 스페셜티 커피가 발달함에 따라 조정이 필요한 부분이기는 합니다. 처음 이 기준이 나왔을 때만 해도 저 정도 밝은 원두면 충분하다고 생각했을 테지만 요즘에는 조금 더 밝고 화사한 원두가 표준이 되고 있으니까요. 참고로 스타벅스는 40~45 정도로 로스팅하며 북유럽에서 노르딕 로스팅이라고 부르는 라이트 로스팅은 80 이상 올라가기도 합니다. 개인적으로는 홀빈과 그라운드를 따로 나눌 필요는 없고 커피를 갈았을 때만 기준으로 70~75 정도의 값이면 적당하다고 생각합니다만, 이는 전 세계 커피인들과 협의를 이뤄내야 하는 부분이 되겠습니다.

그 아래에 있는 '4) 원두 상태'에 대한 것은 그냥 잘 로스팅된 커피를 사용하라는 의미이므로 크게 신경쓰지 않아도 되겠죠? 즉, 로스팅을 하는 분이 아니라면 커핑하기 위한 원두를 구입할 때 원두 색을 보고 비교적 밝고 라이트한 원두를 고르면 적당합니다. 기름이 나온다거나 검은색이라면 안 되고, 색을 재 볼 수 없어서 모르겠다면 원두 판매처에 문의해서 어느 정도 정보를 얻을 수 있을 겁니다.

오히려 '5) 원두 보관' 부분이 더 어렵습니다. 로스팅한 커피를 8시간에서 24시간 사이에 커핑하면 좋다는 뜻인데 직접 로스팅하는 사람이 아니라면 이 시간에 맞추기가 어려워요. 그러니 이 부분은 참고만 하고(보통 대회 때는 이 기준을 정확히 맞춥니다) 집에서 테스트 목적으로 커핑을 한다면 구입 후 최대한 빠른 시간 내에 하면 됩니다. 경험상으로는 로스팅한 뒤 1~3일까지는 향미가 비슷하게 잘 나오는 것 같고 4~8일 정도까지는 충분히 커핑해 볼 수 있는 정도가 되더라고요.

'6) 분쇄' 부분에서는 아주 어려운 용어가 등장하나 역시 크게 걱정하지 않아도 됩니다. 어떻게 갈아서 커핑을 하냐는 것인데 보통 핸드드립으로 브루잉해서 드시는 수준의 굵기면 됩니다. 에스프레소에 쓰이는 밀가루 같은 정도면 안 되고 설탕 가루 수준의 드립용 분쇄도면 충분하죠.

'7) 샘플' 항목에서는 다섯 컵을 준비하라고 하죠. 대회 혹은 특별한 상황에서는 이 규정을 따라야하지만 가볍게 커핑할 때는 한 컵으로도 가능은 합니다. 하지만 여러 개의 컵에 균일성이 있는가를 체크하기 위함이므로 여러 컵을 둔다면 더욱 좋겠죠? 저도 산지에 가서 커피를 체크할 때 꼭 여러 컵을 맛봅니다. 가끔 정말 맛있는 커피가 있는데 다른 컵을 커핑해 보면 전혀 다른 맛이 나기도 해요. 이런 커피는 균일성이 떨어질 가능성이 매우 커서 수입했을 때 문제가 될 확률이 높습니다. 물론 커피는 농작물이므로 컵 하나하나가 모두 다른 것이 사실이지만 편차가 크지는 않아야 합니다.

그 뒤에 적혀 있는 '8) 분쇄 후 원두 관리' 항목도 매우 중요합니다. 갈아 둔 원두를 구입해서 사용하면 안 되고 커핑 전에 바로 갈아서 진행해야 합니다. 분쇄 후 15분 이내에 진행해야 제대로 된 향미를 체크할 수 있거든요. 하지만 컵 뚜껑 등으로 잘 덮어 둔다면 분쇄 후 30분까지는 허용합니다. 중요한 것은 커피를 분쇄한 뒤 빠르게 진행해야 한다는 점입니다.

이제 거의 다 왔습니다. 마지막으로 '9) 시향 및 시음 방법' 항목에 '스니핑/슬러핑 사용'이라고 적힌 부분입니다. 아까 설명 드린 슬러핑! 생각나시죠? 이 항목은 그냥 마시지 않고 스니핑Sniffing과 슬러핑을 통해 커핑하라는 뜻으로, '스니핑'은 코를 컵에 가져다 대고 향을 천천히 들이마시면서 체크하는 방법입니다. 어렵지 않아요!

더불어 한 가지 주의사항을 알려드릴게요. 커핑을 많이 해본 분들도 흔히 하는 실수

스니핑

예요. 향을 체크할 때 컵을 들어올려서 막 흔들고 스니핑을 하는 것은 좋지 않습니다. 이 과정에서 향이 날아가기 쉽고, 또 다른 사람과 함께 할 때는 내 뒷사람이 그만큼 향을 체크하기 어려워지거든요. 슬러핑을 할 때도 컵을 이동하거나 들면 추출이 더 과하게 발생해 균일성을 해칠 수 있으므로 커핑을 마칠 때까지 컵은 그대로 두고 진행하기를 권해드립니다.

커핑 시간을 구간별로 나눠 놓은 부분도 살펴볼까요? 커피를 갈아서 커핑 볼에 넣으면 커핑이 시작됩니다. 그리고 나서 먼저 분쇄 향기를 체크합니다. 이를 프래그런스 Fragrance 체크라고 합니다. 앞서 언급한 바와 같이 코를 컵에 가져다 대고 가볍게 들이마셔서 향이 어떤 느낌인지 체크합니다.

이 과정이 끝나면 곧바로 92~95℃ 정도의 뜨거운 물을 붓습니다. 물을 붓는 동시에 타이머를 꼭 켜 주세요(이유는 잠시 후에 공개)! 물 붓기를 끝내자마자 다시 한 번 스니핑을 실시합니다. 스니핑을 두 차례 실시하는 이유는 처음에는 분쇄 향(프래그런스)을 체크하기 위해서고 물을 부은 뒤에는 아로마 Aroma를 체크하기 위해서입니다. 이 두 가지가 뭐가 다르냐고 할 수도 있죠. 하지만 분쇄했을 때는 정말 좋았던 향이 물을 부으면 사라지는 경우가 있고, 반대로 분쇄 향은 특별하지 않았지만 물과 만나면서 엄청난 향을 뿜어내는 커피가 있답니다. 일반적으로 분쇄 향은 프래그런스, 젖은 향은 아로마라고 부릅니다만 통칭해서 아로마 체크라고 하는 경우도 있고, 전자를 드라이 아로마 Dry aroma, 후자를 웻 아로마 Wet aroma라고 칭하기도 합니다.

자, 아로마 체크가 모두 끝났다면 커핑 시작과 동시에 작동시켰던 타이머 시계를 봐 주세요. 커핑 시작 후 4분이 되면 반드시 해야할 일이 있거든요. 바로 브레이킹 Breaking입니다. 4분이 되면 코를 컵에 가져다 댄 뒤 스푼으로 커피 표면을 밀어서 깨는 작업을 합니다. 이때 코를 가져다 대는 이유는 브레이킹을 하면서 올라오는 향을 확인하기 위함입니다. 브레이킹은 너무 강해도 안 되고 약해도 안 됩니다. 스푼을 세로로 세워서 반쯤 잠기

브레이킹

게 한 뒤 커핑 볼을 가로질러서 가볍게 세 차례 커피 거품(크러스트 Crust)을 깨면 됩니다. 역시 너무 강하게 깨거나 여러 차례 깨는 경우 추출 변수가 발생할 수 있어서 서너번 정도의 가벼운 브레이킹을 권하고 있습니다.

    이 브레이킹 아로마에서도 또 다른 향이 느껴질 때가 많습니다. 극단적인 사례를 들자면 드라이 아로마와 웻 아로마는 큰 감흥을 주지 않았는데 브레이킹할 때 올라오는 아로마가 기가 막힌 경우도 있죠. 이는 원두와 물이 만나 본격적으로 커피가 만들어지면서 향이 폭발하는 경우입니다. 향을 평가할 때는 이 세 가지 경우를 모두 합해서 보면 됩니다. 물론 브레이킹 시 올라오는 향이 가장 중요해요. 결국 이 향이 우리가 마실 때 나오는 향이 될 테니까요.

    그런데 왜 4분에 이 작업을 하는지 궁금하지 않으신가요? 바로 골든컵 이론 때문입니다. 골든컵 이론에 의하면 브루잉을 할 때 골든컵에 맞춰 비율을 설정한 경우 약 4분 정도에 가장 맛있는 커피가 나올 가능성이 크거든요!

스키밍

어쨌거나 브레이킹까지 해서 커피를 모두 깨고 향을 체크했다면 이제 커피 가루를 걷어내는 작업을 해야 합니다. 이때 바닥까지 가라앉은 커피를 걷어내려 하면 절대 안 됩니다. 스푼 두 개를 이용해서 표면에 떠 있는 가루와 거품만 걷어내야 해요. 이를 '스키밍 Skimming'이라고 하죠.

스푼 두 개로 가볍게 걷어낸 커피는 버려 주시면 됩니다. 주의할 점은 브레이킹이나 스키밍을 할 때 사용한 스푼은 꼭 린싱Rinsing[4]한 후에 다른 컵에서 사용해야 한다는 거예요. 커피가 닿은 스푼으로 또 다른 커피를 맛보면 두 커피가 섞여버리기 때문입니다.

스키밍이 끝나고 스푼도 깨끗하게 린싱했다면 시간은 6~7분이 넘었을 겁니다. 잠시 숨을 고르고 계세요. 본격적인 슬러핑이 시작되거든요. 슬러핑은 언제 할까요? 곧바로 하면 너무 뜨거워서 혀를 델 수 있고 그렇게 되면 커핑할 때 아무 맛도 안 느껴져요. 슬러핑을 하는 시간은 계절, 수온, 실내 온도에 따라서도 다르지만 평균적으로 타이머가 9~10분을 가리키면 충분히 슬러핑할 수 있는 온도가 됩니다. 여담이지만 산지에 가면 날이 더운 경우가 많은데 그럴 때는 12분이 지나도 뜨거울 때가 있더라고요. 반대로 한국에서 겨울에 커핑을 하면 8분만 되어도 충분합니다!

그렇게 시작한 커핑은 완전히 식을 때까지 진행합니다. 시간으로 따지면 타이머가 대략 30분을 가리킬 때까지는 해야 해요. 뜨거울 때, 따뜻할 때 그리고 식었을 때를 포함해서 점수를 변경할 수 있습니다. 점수를 주는 방법은 나중에 다시 말씀드릴게요.

---

4 브루잉을 하기 전에 필터에 물을 살짝 적셔 헹구는 과정입니다. 여과지에 남아 있는 종이 냄새를 없애고 서버를 예열하는 효과가 있어요.

트라이앵귤레이션
: 삼각형이 왜 거기서 나와.

이제 조금 다른 이야기를 해볼까요. 커핑을 할 때 하나의 종류만 하는 경우도 있고 여러 개의 커피를 하는 경우도 있습니다. 그리고 가끔 이런 경우가 있죠. 커피 배합 비율을 바꿔서 새로 만든 블렌드가 기존 블렌드보다 좋은지 궁금할 때. 혹은 로스팅을 살짝 다르게 했는데 어떤 것이 나은지 알고 싶을 때. 다른 사람이 로스팅한 것과 내 커피에 어떤 차이가 있는지 알아보고 싶을 때 등등.

이 같이 두 가지 커피를 비교해야 하거나 더 좋은 것을 찾아보고 싶을 때 의미없이 무작위로 놓고 비교해도 될까요? 이럴 때 쓰이는 트라이앵귤레이션Triangulation 또는 트라이앵글Triangle이라는 원칙이 있습니다.

〈 트라이앵귤레이션 원칙 〉

이는 커피를 삼각형 모양으로 놓고 다른 것 하나를 찾아보며 어떻게 다른지 체크하는 방식입니다. 두 개만 놓고 커핑을 한다면 두 개가 거의 비슷할 때 이게 과연 다른 맛인지, 내가 잘 구별하고 있는지 알 수 없지만, 세 개의 컵을 놓고 그중 하나를 다른 컵으로 둔

다면 그것을 찾아낼 수 있느냐에 따라 최소한의 식별성이 확보되겠죠. 그래서 컵테이스터스^{Cup Tasters} 같은 커핑 대회나 SCA 센서리 자격증 시험장에선 커퍼들의 능력을 체크하기 위해 이 방식으로 대회를 진행합니다. 물론 꼭 대회나 자격증이 아니더라도 내가 볶은 커피 두 가지를 테스트하면서 미각적으로 차이가 나는지 살펴볼 때도 유용합니다.

그런데 이때 삼각형 모양으로 커피를 배치하는 게 중요합니다. 만약 커핑 컵을 일자로 쭉 놓으면 어떻게 될까요? 생각과 달리 결과에서 아주 큰 차이가 날 수 있습니다. 사람은 본능적으로 가운데 것이 더 좋거나 특별하다고 인식하기 때문이죠. 이것을 중앙 경향성^{Central tendency}이라고 합니다. 일자로 배열하면 중앙 경향성의 영향력이 매우 커지기 때문에 우리의 뇌를 안정시키기 위해 컵들을 정삼각형으로 배열합니다. 직사각형으로 두거나 하나의 면을 멀리 떨어뜨려 둔다면 어떨까요? 역시 적잖은 영향을 미치겠죠. 커피 센서리는 생물학뿐 아니라 정신과학과 심리학적 영역에서 자유로울 수 없습니다.

또한 커피마다 번호를 붙여 둬야 하는데, 이 번호도 아무렇게나 붙이면 안 됩니다. 보통 1번 커피, 2번 커피 그리고 3번 커피처럼 적을 때가 많을 거예요. 이 또한 우리 뇌에 영향을 끼칩니다. 1번 커피가 뭔가 더 특별하리라는 기대를 갖게 만들죠. 당연히 A, B, C와 같이 레이블링을 하더라도 같은 상황이 벌어집니다. 살면서 1번이 더 좋고 A학점이 더 높은 점수라는 인식을 형성해왔기 때문에 생기는 일종의 오류예요.

그럼 이름을 어떻게 붙여야 할까요? 바로 코드를 부여하는 겁니다. 커피 센서리에서만 사용하는 방식은 아니고 관련해서 다양한 이론이 존재하지만, 일반적으로는 세 자리 숫자 코드가 효과적이라고 받아들여지고 있어요. 트라이앵귤레이션 커핑을 할 때 세 잔의 컵이 있다면 각각 452 / 825 / 172처럼 적어 두자는 말이죠. 물론 세 자리 코드도 111이나 123처럼 같은 숫자가 반복되거나 연속성을 가지면 눈에 쉽게 띄고 머릿속에서도 자꾸 그것이 특별하다고 인지하려 할 테니 좋은 방법이 아닙니다. 즉, 무작위로 형성한 난수를 활용하되 적절한 가공이 필요한 작업입니다. 이렇게까지 해야 할까 싶지만 완벽한 조건을 꾀하기 위해 최대한 노력해야겠죠.

또한 트라이앵귤레이션 테스트는 1회만 하고 끝내면 신뢰성이 떨어지기 때문에 여러 차례 혹은 여러 사람을 대상으로 하기를 권합니다. 한두 명에게 물어보고 나서 "역시 새로 만든 커피를 사람들이 쉽게 찾아내고 훨씬 좋아해!"라고 단정짓는다면 문제가 될 수 있습니다.

사실 이 또한 통계학의 일종이므로 테스트 모집단을 정하는 것이 아주 중요합니다. 일반적으로 24~36명 규모의 집단이 유리하다고는 해요. 물론 더 많이 늘리면 신뢰도는 상승하겠지만 그에 따른 경제학적인 비용이 드니까요. 대통령 선거를 할 때 여론조사를 수백명 정도로 하고도 얼마든지 예상치에 가까운 결과를 도출해내는 것과 같은 이치입니다.

트라이앵귤레이션을 적용한 커핑

플레이버 휠
: 생각이 잘 안 날 때는 나를 찾아요!

이제 커핑을 할 줄 알게 되었네요. 어떻게 컵을 둬야 할지, 또 어떤 식으로 커피의 맛을 체크하는지도 알았지만 더 중요한 문제가 기다리고 있습니다. 아무리 슬러핑을 해도 무슨 맛인지 설명하기 어려울 때가 많다는 거예요. 많이 경험한 맛인데 뭐라고 표현하면 좋을지 모르는 경우도 있고 기억이 안 날 때도 많습니다. 이런 경우에 '플레이버 휠Flavor Wheel'이 아주 유용합니다.

오른쪽 사진은 SCA에서 만든 커피 플레이버 휠입니다. 카페 한편에 붙어 있는 것을 보신 적이 있을 거예요. SCA는 세계에서 가장 큰 커피 단체답게 커피 업계에서 매우 중요한 골든컵 이론과 커핑 폼을 널리 보급한 바 있습니다. 플레이버 휠도 처음에는 개인이나 다른 기업에서 만들기도 했지만 최근엔 SCA의 플레이버 휠이 가장 보편적으로 활용되고 있습니다.

그럼 플레이버 휠을 한번 살펴볼까요? 그림에서 맨 안쪽 원은 가장 큰 대분류입니다. 커피에서 과일 맛 혹은 견과류 맛처럼 가장 큰 특성을 알아챘다면 그곳을 먼저 봐야 해요. 그리고 그 바깥의 큰 원은 중분류가 되겠습니다. 과일 맛 중에 딸기류인지, 건과일류인지 혹은 시트러스류인지를 분별할 수 있습니다. 다음으로 맨 바깥쪽 원은 소분류, 가장 세부적인 항목으로 커피에서 베리류를 감별했다면 그것이 블루베리인지 라즈베리인지 결정할 때 참고할 수 있습니다.

플레이버 휠에서 색상은 맛의 색깔을 나타냅니다. 가끔 뭔가를 맛보았을 때 이름은 생각나지 않고 색깔만 떠오르기도 하잖아요. 그럴 때는 색깔만 보고 찾아볼 수 있습니다. 또한 각각의 맛 사이에 존재하는 간격은 서로 간의 거리를 말합니다. 어떤 분류는 조금씩 더 떨어져 있고 어떤 것은 아예 딱 붙어 있기도 합니다. 예를 들어 과일류-시트러스류를 보면 라임과 레몬은 거의 붙어 있지만 오렌지와 레몬은 그보다 더 떨어져 있어요. 라임과

041

SCA 플레이버 휠

자세한 SCA 플레이버 휠은 SCA 홈페이지(http://sca.coffee) 참조

레몬은 대부분 비슷하게 판단할 수 있는 여지가 강하고 오렌지와 레몬은 조금 더 큰 차이를 느낀다는 의미가 되겠네요.

말하자면 플레이버 휠은 일종의 커피 프로파일 사전입니다. 커피 센서리를 위한 사전이라고 생각하고 커피를 마시거나 커핑할 때 수시로 꺼내서 찾아보면 사람들과 교감하기 조금 더 쉬워집니다.

커핑 폼
: 처음엔 누구나 어렵죠.

커핑을 할 때 메모장에 기록하는 경우도 있지만 점수를 줘야하거나 공식적인 것이 필요할 때는 커핑 폼을 활용합니다. 그림만 봐도 복잡하고 어려워 보이죠. 하나씩 뜯어보면 생각보다 어렵지 않아요.

커핑 폼에서는 우리가 공부했던 드라이 아로마와 웻 아로마 그리고 브레이킹 아로마를 포함해 총 열 개 항목에 점수를 줍니다. 10개의 항목 각각에 최대 10점이 배정되어 있어 총 100점 만점이죠. 항목을 하나씩 살펴볼까요?

우선 맨 위에 본인의 이름과 커핑하는 날짜를 적어 주세요. 그 아래 'Sample #' 부분에는 커피의 이름이나 숫자를 적을 수 있습니다. 우리가 공부한 커피 코드 세 자리를 적으면 되겠네요. 바로 옆에는 'Roast Level(로스트 레벨)'을 적는 란이 있습니다. 앞 페이지에서 배운 아그트론 넘버 기억나시죠? 숫자를 직접 적는 건 아니고 어떤 색상으로 로스팅되었는지를 체크하는 거예요. 사다리 표시에서 해당하는 색상에 체크(v)하시면 됩니다.

표시에 특별한 규정이 있는 것은 아니에요. 사선으로 긋거나 체크 표시를 하거나 동

그라미를 쳐도 되지만, 본인뿐 아니라 다른 사람도 쉽게 알아볼 수 있어야 합니다. 색상만 봐도 알겠지만 아래쪽으로 갈수록 다크하게 커피가 로스팅된 것, 위쪽으로 갈수록 라이트하게 로스팅된 것이므로 커피 색을 보고 체크하시면 됩니다. 커핑 프로토콜대로 로스팅을 했다면 위에서 두 번째 칸과 세 번째 칸 사이에 체크하게 될 겁니다.

프래그런스/아로마

자, 다음 영역은 'Fragrance/Aroma(프래그런스/아로마)'군요. 여기서부터는 점수를 주

SCA 커핑 폼

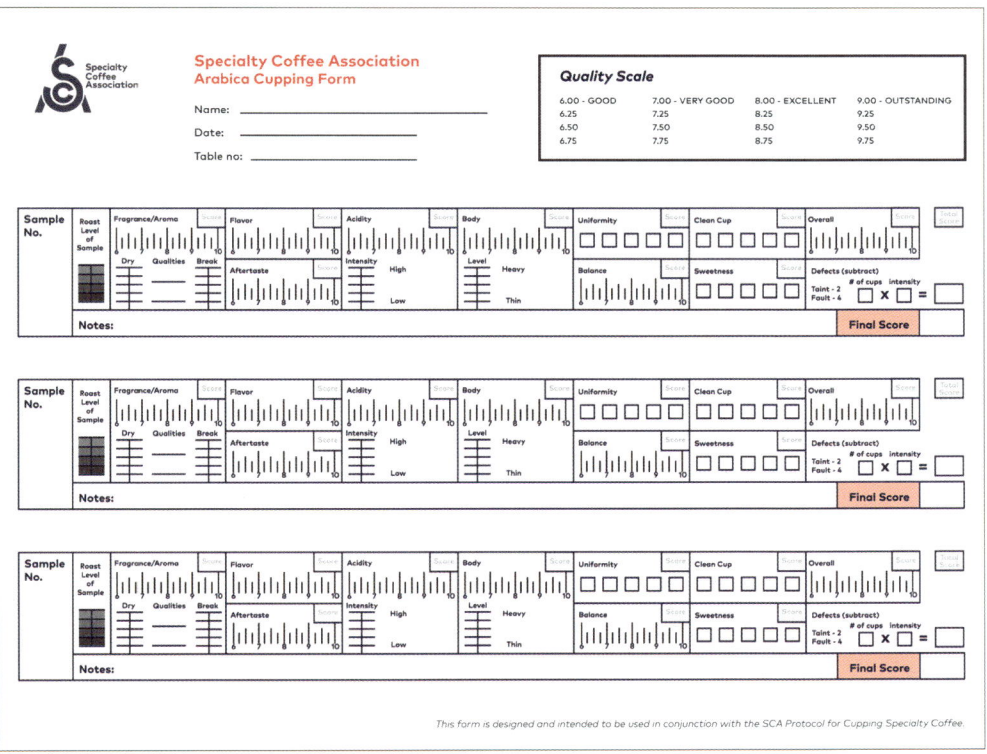

는 영역입니다. 앞에서 기록한 로스팅 색상 체크는 참고하기 위한 확인 사항이었다면 이제부터 확인하는 요소들은 실제 점수에 반영이 됩니다.

    기억나시나요? 향을 체크할 때는 분쇄하자마자 체크하는 드라이 아로마와 물을 붓고 체크하는 웻 아로마, 그리고 4분이 되었을 때 스푼으로 브레이킹을 하며 체크하는 브레이킹 아로마가 있다는 사실이요! 맞아요. 이 세 가지를 모두 확인하고 나서 최종 점수를 줍니다. 하지만 그렇게 되면 아로마를 체크하는 과정에서 몇 점을 주려 했는지, 혹은 어땠는지 까먹을 수 있겠죠? 따라서 프래그런스를 확인할 때부터 바로 체크해서 점수를 주세요. 그리고 나서 웻 아로마를 체크할 때 다시 점수를 변경하면 됩니다.

    하지만 눈금 위에 점수를 체크했더라도 위에 보이는 사각 박스 'Score(스코어)' 란에는 일단 점수를 표시하지 않습니다. 커핑이 모두 끝날 때까지는 평가가 달라질 수 있기 때문에 눈금에만 체크해 두고 변동 사항이 있을 때마다 다시 지우고 변경합니다. 물론 지우개를 사용하기 어렵다면 그냥 X 표시를 하고 다시 체크하면 돼요. 또한 변경된 사실을 명확하게 기록하기 위해서 화살표(→)를 통해 어디에서 어디로 평가가 이동했는지 기록해 둔다면 더 좋겠죠? 자, 지금까지의 내용을 정리해 봅시다.

1. 눈금에 체크를 했다고 해서 그것이 최종 점수는 아니다.
2. 커핑 중간에 변동할 필요가 있다면 언제든 바꿀 수 있다.
3. 변경할 때는 X 표시 등을 하고 화살표(→)를 기록한 뒤 새로운 곳에 체크한다.

    이 정도면 이해가 다 되었을 것 같네요. 프래그런스/아로마 영역의 경우 앞서 언급했듯 세 번에 걸쳐 향을 체크해야 하므로 분쇄 향(프래그런스) 확인 시 먼저 눈금에 체크하고 웻 아로마와 브레이킹 아로마 평가시 변경할 요인이 있다고 생각하면 다시 바꾸면 됩니다. 쉽게 정리해서 세 가지 향에 대한 평균점을 찾아가는 과정이라고 할 수 있습니다.

    그런데 가로로 된 눈금만 있는 줄 알았는데 그 아래에 세로로 된 눈금도 있네요? 로스트 레벨 항목과 유사한 형태인데, 이 세로 눈금은 점수를 주는 것이 아닌 레퍼런스(참고 사항)입니다.

즉, 로스트 레벨이 어느 정도였는지 참고용으로 체크했던 것처럼 드라이 아로마와 브레이킹 아로마의 강도가 얼마나 강했는지 레퍼런스를 기록해 두는 부분이에요. 품질이 아니라 강도^{Intensity}를 보는 것으로, 엄밀히 말하면 꼭 채워야하는 부분은 아니지만 가능하다면 활용해 보면 좋겠죠? 위쪽에 위치할수록 강하고 아래쪽으로 갈수록 약하게 느껴지는 향입니다. 앞으로 설명할 요소들도 모두 마찬가지인데, 중요한 사실은 강도의 경우 강하다고 좋고 약하다고 나쁜 게 아니라는 겁니다. 강한데 악취가 느껴지면 최악이고, 강한데 꽃 향이 난다면 좋은 것이니까요. 따라서 강도 영역은 그저 참고 사항입니다. 그렇다고 해도 실무적으로는 너무 약하거나 너무 강한 것처럼 극단적인 상/하단에 위치하면 좋은 점수를 받기 어려운 경우가 많습니다.

그 사이에 'Quality(퀄리티)'라고 적힌 부분은 주관식 영역입니다. 여러분이 향을 체크하는 과정에서 가장 강하게 느꼈던 대표적인 향을 기록하면 됩니다. 영어로 적든 한글로 적든 무방하지만 프로파일에 포함시키고 싶은 향을 적으면 좋겠죠.

플레이버, 신맛 그리고 애프터테이스트는 어떻게 체크하지?

이후의 과정은 보다 편하게 진행할 수 있습니다. 지금까지 했던 방법과 유사하거든요. 하지만 많은 분이 첫 관문인 플레이버 체크에서 다시 어려움을 겪습니다. 향은 그렇다 쳐도 맛, 그러니까 플레이버는 도대체 어떤 맛을 기준으로 해야할지 헷갈려서죠. 여기서 쉽고 확실하게 정리해 드리겠습니다.

'맛을 세 가지로 나누면 된다!'

코로 향을 체크한 뒤 스푼을 이용해서 슬러핑하면 커피 맛이 느껴질 거예요. 이때 맛이 세 가지로 나누어져 있다고 생각해봅시다. 처음 강하게 느껴지는 맛을 1번, 그 맛이 사라지고 나서 뒤따라오는 맛을 2번, 끝으로 커피를 스피팅한 뒤 느껴지는 맛을 3번 맛으로 나누는 겁니다(스피팅을 하지 않고 그냥 삼키는 경우라면 삼킨 이후 느껴지는 맛으로 보면 되겠죠).

이렇게 맛을 세 가지로 나눈다면 처음 느껴지는 맛은 '신맛'일 가능성이 높습니다. 생리학적으로 사람이 커피 맛을 느끼는 과정에서 신맛을 가장 먼저 인지할 가능성이 높기 때문이에요. 신맛 이후에 들어오는 맛은 플레이버라고 생각하고 신맛을 제외한 맛에 대해 평가하면 됩니다. 사실 맛에 대한 점수를 주면서 신맛에 대한 점수는 빼라는 말이 조금 이상하게 들릴 수 있겠지만, 스페셜티 커피에서 신맛은 매우 중요한 요소이고 맛을 세분화하여 구분하는 것이 중요하므로 여러 가지로 나누어 따로 평가하겠다는 뜻입니다.

이렇게 신맛을 빼고 그 뒤에 따라오는 나머지 맛에 대해 점수를 주는 것이 플레이버 영역입니다. 그럼 앞서 설명한 스피팅하고 나서 느껴지는 뒷맛은 무엇일까요? 그것은 '애프터테이스트Aftertaste'로, 후미 혹은 뒷맛이라고도 하며 역시 별개의 점수를 줍니다. 이는 비단 커피에만 해당하는 이야기는 아닌 것 같습니다. 어찌 보면 사람을 만나 평가할 때도 우리는 그렇게 생각해 왔을 수 있어요. 처음 받은 첫인상과 이후 대화를 통해 받은 느낌, 끝으로 작별을 하고 집에 와서 다시 떠올리게 되는 여운까지…. 누군가를 기억할 때 첫인상만 가지고 평가하지 않듯이 커피도 전체적인 부분을 봐야합니다.

여하튼 스페셜티 커피를 바라보는 관점에서는 신맛과 애프터테이스트가 커피 맛에서 차지하는 비중이 높고 변화무쌍하기 때문에 플레이버 하나만 체크하지 않고 별도로 점수를 주게 됐습니다.

지금까지의 내용을 요약하면 커피 맛은 세 가지로 나누어 평가합니다. 첫번째 맛은 신맛, 이 신맛을 제외한 나머지 맛은 플레이버, 마지막으로 삼키거나 뱉은 뒤 느껴지는 맛을 애프터테이스트라고 하여 각각 따로 평가합니다.

여기까지 이해했다면 질문이 있을 수도 있어요. 어떤 신맛과 플레이버 그리고 애프터테이스트에 좋은 점수를 줘야 할까요? 우리가 음식을 먹으러 갈 때는 맛집과 아닌 집을 쉽게 이야기하는 반면, 커피 맛을 이야기하자고 하면 손사래치며 어려워하는 분이 많습니다. 그러나 커피도 똑같아요. 커피 또한 음식이기에 그 잣대를 그대로 적용하면 됩니다. 맛있게 느껴지면 좋은 점수, 그렇지 않으면 낮은 점수를 주세요. 전문가로서의 구체적인 점수 책정 방법은 '6. 이젠 진짜 커핑 점수도 줘봅시다!' 편에서 다시 한번 다뤄 보겠습니다.

　　　마지막으로 한 가지만 더 이야기할게요. SCA 커핑 폼에는 왜 신맛이 맨 마지막에 있을까요? 가장 먼저 느껴지는 맛을 처음에 적는다고 치면 신맛 → 플레이버 → 애프터테이스트 순으로 있어야 할 것 같은데 말이죠. 그 이유는 커피가 조금씩 식으면서 본격적으로 신맛을 드러내기 때문입니다. 신맛을 커피 폼 점수 항목의 맨 앞에 두고 이것부터 찾으려고 하면 오류가 발생할 수 있어요. 맛 중에서는 신맛을 가장 마지막에 놓고 천천히 평가하는 것이 유리하다고 합니다. 커핑을 많이 하다 보면 꼭 이렇게까지 할 필요는 없지만 처음에는 이러한 접근법이 조금 더 쉬울 수 있습니다.

바디와 밸런스란 무엇인가!

향과 맛 그리고 애프터테이스트에 대한 점수를 주고 나면 밸런스가 기다리고 있습니다. 먼저 'Body(바디)'라는 것이 보이네요. 커피가 육체미를 뽐내는 것도 아닌데 바디는 도대체 어떻게 체크해야 할까요?

　　　커피는 이미 와인 업계에서 정립된 이론에서 영향을 받은 센서리의 영역이므로 와인과 유사한 점도 있습니다. 특히 바디감이 그러해요. 바디를 체크하는 것은 실제 무게를 달아보는 것이 아니라 혀라는 저울로 느낌을 체크하는 작업입니다. 실제 무게와 관계없이 입안에서 느껴지는 느낌, 즉 질감^{Texture}을 평가하는 항목이죠. 그래서 다른 말로 마우스필$^{Mouth\ feel}$이라고 하기도 합니다.

　　　커핑 폼에는 실제 6점부터 10점 사이로 점수를 주는 가로축 스케일과 점수에는 반영되지 않고 강도만 체크하는 세로축 스케일이 있다는 것 기억하시죠? 신맛이 강해서 강도를 높은 쪽에 체크하더라도 점수는 매우 낮을 수 있듯 바디감도 그렇습니다. 무거운 바디에 체크하더라도 점수와는 전혀 관련이 없습니다.

그럼에도 불구하고 커피 맛의 선호도나 커피를 평가하는 점수는 트렌드를 반영합니다. 묵직한 바디감의 와인이 꾸준히 인기를 끄는 것처럼 커피도 높은 바디감 쪽이 아직은 인기가 많기에 그러한 스타일의 커피가 더 높은 점수를 받는 경향이 존재한다는 점은 부인할 수 없겠습니다. 반드시 그런 건 아니지만요. 더불어 다시 한 번 강조하지만 세로축 스케일의 강도와 가로축 스케일인 점수가 무조건 일치하지는 않는다는 점을 꼭 기억하세요.

'Balance(밸런스)' 파트는 여러분의 예상과 비슷할 것 같아요. 커피 맛을 구성하는 여러 요소가 얼마나 조화롭게 구성되어 있는가에 대한 부분입니다. 신맛도 좋고 바디감도 좋지만 조화롭지 않은 커피도 얼마든지 있거든요. 바디와 밸런스에 점수를 주는 방법은 이후 다시 이야기해 보겠습니다.

체크 박스로 구성된 친구들은 어떻게 하지?

커핑 폼을 자세히 보면 가로축/세로축 스케일이 아니라 체크 박스(□)로 생긴 영역을 발견할 수 있습니다. 'Uniformity(균일성)'와 'Cleancup(클린컵)' 그리고 'Sweetness(단맛)'입니다.

이 세 영역은 점수를 주기보다 깎는 영역에 가깝습니다. 즉, 다섯 개의 체크 박스는 각각 2점씩, 총 10점으로 구성되어 있는데, 문제가 있는 컵에 체크를 해서 2점을 빼는 구조입니다(물론 본인과 커핑 폼을 보는 사람이 명확하게 알아볼 수만 있다면 괜찮아서 문제가 없는 컵에 모두 표시를 해도 됩니다). 단맛 영역을 예로 들어 다섯 개의 컵을 커핑하고 그중 하나의 컵에 단맛이 없다면 10점에서 2점을 깎아 최종적으로 8점을 주는 거죠.

SCA 커핑은 다섯 개의 컵으로 구성하는 것이 원칙입니다. 하나당 2점을 할당하는 이유입니다. 커피는 과일이기 때문에 단맛이 있기도 없기도 합니다. 좋은 과일은 무조건 단맛이 있어야하듯 커피도 그래야하지만, 간혹 익지 않은 체리를 따서 가공했다면 일부 컵에선 단맛이 나지 않을 수 있어요. 그렇다면 그 커피의 전체적인 신맛이나 향 등의 점수와 관계없이 2점이 깎입니다.

균일성도 마찬가지예요. 다섯 개의 컵이 모두 같아야 하는데 맛에 꽤 차이가 나면 점수가 2점씩 빠집니다. 극단적으로 다섯 개의 컵이 모두 맛없지만 똑같이 스모키한 맛이 난다면 그 커피의 균일성 점수는 10점 만점을 받을 수 있어요. 반면, 모든 컵이 맛있지만 두 컵에서는 딸기 맛이 나고 나머지 세 컵에서는 사과, 복숭아, 초콜릿 맛이 난다면 최종 균일성 점수는 4점밖에 되지 않겠네요.

클린컵 또한 유사합니다. 스페셜티 커피는 결점 없이 깨끗한 맛이 나야 합니다. 그런데 가공 혹은 수확 중에 나뭇가지가 들어간다거나 결점이 생긴 체리를 함께 넣어서 가공했다면 맛의 좋고 나쁨과 별개로 깔끔하지 않고 지저분한 맛이 납니다. 이런 경우 컵 개수만큼 감점합니다.

따라서 균일성, 단맛 그리고 클린컵은 커피의 구매를 결정할 때 고려해야 하는 또 하나의 중요한 요인입니다. 커피가 매우 맛있었더라도 마실 때마다 다른 맛이 난다면 지속적으로 판매할 수 없습니다. 어떻게 보면 이러한 요소들이 산지에서 커피를 수입할 때 매우 중요한 부분이 되곤 하죠. 그래서 실제 산지 농장에서 커핑하거나 샘플을 받을 때 다섯 개의 컵을 테스트하는 경우가 많습니다.

오버롤 및 결점

'Overall(오버롤)'과 'Defect(결점)' 항목은 상대적으로 중요도가 떨어지는 부분일 수 있습니다.

우선 오버롤은 커핑을 하는 개인의 선호도를 적는 부분이라 규칙이 없는 편입니다. 그렇다고 막 쓸 수는 없어요. 구체적으로 점수를 책정하는 방법은 '6. 이젠 진짜 커핑 점수도 줘봅시다!' 파트에서 다시 이야기해 봐요.

마지막 파트인 결점 부분은 초보자에게 어려울 수 있습니다. 향 혹은 맛에서 약간의 결점이 느껴지면 'Taint'라고 해서 컵당 2점씩 감점하고 큰 결점이 느껴지면 'Fault'라고 해서 4점씩 뺍니다. 위의 체크 박스에서 이미 체크한 부분이 다시 이곳에 포함될 수 있기에 실무적으로는 더블 체크로 인한 이중 감점 문제가 생기기도 합니다.

하지만 이미 이 부분에 체크할 만큼 결점이 생겼다면 스페셜티 커피가 될 가능성은 매우 낮아요. 그래서 이런저런 이유로 실제 커핑에서는 잘 쓰이지 않고, 무엇보다 이 책을 보시는 대부분의 분들에게는 크게 필요가 없는 부분이기도 하므로 일단 이 부분은 인지하는 정도로만 넘어가도 될 것 같습니다.

이런 방식으로 뜨거울 때부터 식어서까지 커핑을 하고 모든 항목의 평가를 마쳤다면 이제 각각의 사각 박스 스코어란에 최종 점수를 기입하면 됩니다. 그리고 모든 항목을 합산하여 합계 점수에 기입하면 그것이 최종점수가 됩니다.

이렇게 커핑 폼의 모든 영역을 살펴봤습니다. 6점부터 10점까지 0.25점 단위로 점수를 주는 파트가 총 일곱 개 있고, 다섯 개의 체크박스로 총 10점 만점인 세 개의 영역을 포함해서 100점 만점이 됩니다. 그 외에 로스트 레벨처럼 점수는 없이 참고만 하는 영역과 결점 컵을 감점하는 디펙트 영역이 각각 한 개씩 있으므로 커핑 폼이 총 열두 개의 영역으로 구성되어 있음을 알 수 있습니다.

처음이라 어려웠나요? 계속 말씀드렸듯 점수 책정에 관해선 추후 더 심도 있게 다룰 테니 안심하셔도 됩니다.

퍼블릭 커핑과 비즈니스 커핑
: 커핑에도 종류가 있나요?

커핑에 규정된 종류가 있지는 않지만 넓게 보면 퍼블릭 커핑과 비즈니스 커핑으로 구분할 수 있습니다.

커피미업에서 진행한 퍼블릭 커핑 현장

퍼블릭 커핑은 커피를 좋아하는 분이라면 누구나 자유롭게 참여할 수 있는 커핑으로 유명 커피 회사뿐 아니라 주변 동네 카페에서도 많이 열고 있어요. 보통 인스타그램 등의 SNS를 통해 사전 공지를 하고 신청자를 받기 때문에 빠르게 소식을 접하고 신청하는 것이 중요합니다.

누구나 참여할 수 있지만 아무래도 커핑을 한 번도 안해본 상황에서는 조금 당황할 수도 있습니다. 하지만 주최 측에 따라 간단히 방법을 설명해 주기도 하니까 자신 있게 참여해 보기 바랍니다. 물론 이 책을 지금까지 잘 읽었다면 아무 문제없이 해볼 수 있을 겁니다.

퍼블릭 커핑에 사용되는 커피는 보통 사전 공지가 되며 여럿이 모여서 함께하기에 기본 매너만 잘 지키면 되겠습니다. 비용은 커피 종류나 수에 따라 무료부터 몇만 원까지 다양하므로 미리 확인해야 합니다. 반대로 비즈니스 커핑은 모든 사람에게 열리지 않고 생두나 원두 구매를 위해 커피 회사 등에서 주최하는 것으로 바이어 같은 특정인을 초대하는 방식이 많지만 누구나 사전 신청이 가능한 경우도 종종 있습니다.

에스프레소 및 브루잉 센서리
: 그냥 마시면서 맛보면 안 돼요?

힘들게 물을 붓고 브레이킹과 스키밍, 슬러핑을 하면서 커핑을 하다 보면 '이것저것 재지 말고 그냥 마셔서 평가하면 안 될까?' 하는 의문이 생길 수도 있습니다. 사실 안 될 것은 없어요. 어차피 우리는 최종적으로 그렇게 마실 커피를 찾기 위해 커핑하는 거니까요.

하지만 차이가 있습니다. 커핑이란 커피의 전체적인 특성을 파악하는 작업이예요. 로스팅하고 추출하면서 커피가 터뜨릴 수 있는 잠재력을 파악하기 위한 것이 커핑입니다. 업계에는 오래전부터 커피 맛을 결정하는 요소 중 70%가 생두, 20%가 로스팅 그리고 10%가 추출이라고 하는 말이 돌 만큼 생두를 중요시해 왔습니다. 애당초 생두 선택이 잘못된다면 그 후에는 아무리 맛있게 만들려고 해도 불가능한 게 사실이죠.

    그런 의미에서 커핑은 추출이나 로스팅에 앞서서 꼭 거쳐야 하는 과정이에요. 게다가 거기서 끝나는 것이 아니라, 커핑을 통해 선택한 생두를 로스팅한 뒤 다시 커핑해서 내가 원하는 맛이 나왔는지를 확인해야 하죠. 최종적으로는 에스프레소나 브루잉 등 본인이 원했던 방식으로 추출하고 한 번 더 맛을 점검해야 소비자에게 제공할 수 있습니다. 그렇게 보면 마지막 단계인 음료의 커핑도 매우 중요합니다.

내 머릿속의
지우개가 필요해

우리는 모두 인간이기에 커핑을 할 때 예기치 못한 다양한 오류를 겪을 수 있습니다. 이러한 오류는 대체로 정신적인 영역에서 발생하지만 정확히 제어하지 못하면 결과가 정반대로 나올 수도 있는 만큼 아주 중요하게 다뤄야 할 변수가 됩니다. 그 오류들의 정체는 무엇이고 어떨 때 발생할까요?

기대의 오류
Expectancy error

커핑 시 발생할 수 있는 가장 대표적인 오류는 기대의 오류입니다. 무엇인가를 기대하게 만들어서 생기는 오류로 누군가가 커핑 전 혹은 과정 중에 과다한 정보를 줌으로써 발생합니다. 예를 들어 퍼블릭 커핑 시작 전에 주최자가 다음과 같이 말한다고 가정해 봅시다.

"여러분, 오늘 커핑에 와 주셔서 감사합니다. 오늘 준비한 커피는 에티오피아에서 최고로 손꼽히는 곳으로 작년 대회에서 1등을 차지했고 올해 역시 1등이 기대되는 농장의 커피입니다. 딸기 맛이 선명하며 긴 여운을 가지고 있습니다. 즐거운 커핑되시기를 바랍니다."

이 말을 들은 커퍼^{Cupper}들은 이미 그 내용들이 머릿속에 가득 찰 것입니다. 딸기 맛이 미세하게만 나도 극대화시키게 되고 설령 맛이 없더라도 왠지 모르지만 1등 농장의 위엄이 자꾸 떠올라 점수를 높게 줄 수도 있죠.

비단 커핑뿐 아니라 일상적인 상황에서도 유사한 사례를 쉽게 찾을 수 있는데, 바로 카페에서 커피를 마실 때 종종 받게 되는 '커피 노트 카드'입니다. 바리스타가 음료와 함께 제공한 커피 노트를 보고 마시다 보면 거기에 적힌 프로파일이 느껴지는 것 같고, 때로 잘 느껴지지 않으면 내가 잘못된 게 아닌가 생각하게 되는 경우가 있죠? 이것이 모두 일종의 기대의 오류입니다. 이런 이유로 커핑할 때는 정보가 최소화되어야 하며 그렇지 않으면 누구나 이 오류에 쉽게 빠지게 됩니다.

자극의 오류
Stimulus error

누군가에게 혹은 어딘가로부터 특정 자극을 받아서 생기는 오류입니다. 커핑을 할 때 하나의 컵이 유독 예쁘고 다른 컵들은 그렇지 않다면 예쁜 컵의 커피가 더 맛있게 느껴지는 현상이에요. 그 외에도 잔의 크기나 색상, 모양에 따라 커피 맛이 결정돼 버리는 사례 또한 비슷한 오류입니다. 그래서 커핑할 때는 컵이 모두 같아야 하고 주변 환경도 커핑에 영향이 없도록 큰 자극을 주지 않게 섬세히 설계되어야 합니다.

이와 관련하여 외국의 한 흥미로운 조사 결과[1]가 있습니다. 파란색 컵, 하얀색 컵 그리고 커피 색이 보이는 투명한 컵에 똑같은 뜨거운 카페 라떼를 따르고 어떤 것이 가장 달게 느껴지는지 조사한 사례입니다. 같은 커피인지 알려주지 않고 실험을 했는데 재미있

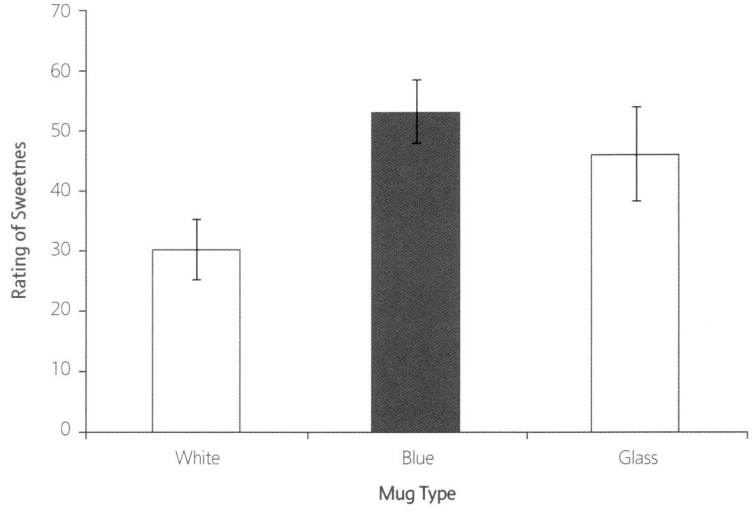

〈 컵 색상에 따라 다르게 느껴지는 커피 단맛의 강도 〉

*출처: https://flavourjournal.biomedcentral.com/articles/10.1186/2044-7248-3-10

게도 파란색 컵에 담긴 커피를 가장 많은 사람이 달다고 답했고, 그다음이 투명한 컵, 가장 달지 않다고 답해진 컵은 하얀색 컵이었습니다. 또한 맛의 강도를 비교해달라고 했을 때는 하얀색 컵의 커피가 가장 높은 강도를 지녔다고 인식했습니다. 우리의 뇌가 어떤 이유로든 다른 컵에 담긴 같은 커피에 각기 다른 반응을 보인 것이죠.

이처럼 같은 커피라도 주어진 환경이 다르면 결과가 크게 차이 날 수 있기 때문에 자극의 오류를 제어할 수 있도록 반드시 동일한 상태로 제공해야 합니다.

논리의 오류
Logical error

이 오류는 커피를 많이 접하고 공부한 사람일수록 경계해야 합니다. 내가 알고 있는 논리에 의해 커피 맛이 결정되어버리는 오류예요. 예컨대 샘플로 올려져 있는 커피를 보자마자 '음, 원두의 크기가 꽤 큰데 이 정도면 파카마라 커피일 가능성이 높군. 파카마라는 보통 과테말라에 많고 높은 고도에서 재배되니 단맛이 많을 것 같아. 게다가 파카마라는 포도 향도 많이 나잖아? 마셔보니 역시 그렇군!' 하고 결론을 내는 식입니다.

이렇듯 논리의 오류는 커핑 중 센서리적으로 접근하지 않고 지식이나 논리에 따라 맛을 판단해버리는 현상을 가리킵니다. 그렇다면 기대의 오류와는 어떤 점이 다를까요? 그것은 오류를 만들어준 주체입니다. 기대의 오류가 외부 정보에 의한 오류였다면 논리적 오류는 커퍼 자신이 만들어낸 오류입니다. 기대의 오류를 막기 위해서는 주최자가 제한된 정보를 제공해야하지만 논리의 오류는 스스로가 조심할 수밖에 없습니다.

---

1 'Does the colour of the mug influence the taste of the coffee?' by George H Van Doorn

헤일로
Halo

헤일로는 일반적인 센서리 오류는 아니지만 오류와 유사한 상황이라고 할 수 있습니다. 하나의 큰 특성에 의해 다른 특성이 묻혀버리는 상황을 일컬어요. 예를 들어 최고급 게이샤 커피를 커핑할 때 유달리 뛰어난 산미로 인해 다른 특성을 찾지 못하는 것이 이 사례에 해당합니다. 심지어 단순히 다른 맛을 찾지 못하는 데서 그치지 않고 다른 특성도 무조건 좋은 쪽으로 평가해버리기도 합니다. 장점 하나에 꽂히면 다른 요소가 보이지 않는 것을 넘어서 그 보이지 않는 요소도 당연히 좋다고 인식하는 사람의 특성이 결부된 오류입니다.

이러한 오류는 어떻게 최소화시킬 수 있을까요? 이를 막기 위해 만든 것이 커핑 폼이라고 할 수도 있습니다. 커핑 폼은 각 영역별로 구분이 되어 보통 한 번에 한 가지 특성만을 체크하도록 설계돼 있습니다. 산미를 볼 때는 산미만, 바디를 볼 때는 바디만 보고 체크하는 방식이므로 이런 문제가 덜 생길 수밖에 없답니다.

제가 다른 카페에 놀러 가면 많은 분이 커피를 내려 주며 이 커피는 몇 점인지 묻곤 합니다. 이런 경우 저도 제가 좋아하는 맛이 나면 쉽게 높은 점수를 받을 커피 같다고 이야기합니다. 하지만 커피를 그냥 내려 마시지 않고 커핑 폼을 이용해서 실전 커핑을 하다 보면 제가 좋아하는 부분에서의 점수는 높았지만 보지 못했던 다른 부분의 점수가 낮아서 처음 생각했던 것보다 꽤 낮은 점수가 집계되기도 합니다. 반대로 아무 생각 없이 마셨을 때 그다지 높은 점수가 아니라고 생각했던 커피를 커핑해 보면 전체적으로 탄탄해서 높은 점수가 나오기도 해요. 이렇듯 사람은 누구나 헤일로에 빠질 수 있고 커피는 취향을 쉽게 타는 기호 식품이므로 커핑 폼을 이용한 공식적인 커핑을 하지 않으면 오류에 빠지기 쉽습니다.

그 밖의
다양한 오류들

그 외에도 커핑 중 참가자들이 대화 등을 통해 영향을 주고 받는 '상호 간섭의 오류'나 내가 잘 아는 사람의 커피를 평가할 때 생기는 '지인 오류' 등 다양한 오류가 존재합니다. 그러나 무엇보다 중요한 것은 이런 오류의 발생을 방지하기 위한 장치와 전략입니다. 커핑을 할 때는 무엇보다 객관적인 상황을 만들고 진행해야 한다는 것이죠.

그렇지만 놀랍게도 무조건 이런 오류를 막는 게 좋은 것만은 아닙니다. 카페의 바리스타가 손님들에게 커피를 소개하면서 프로파일을 알기 쉽게 설명해 주거나(기대의 오류) 프로파일에 잘 어울리는 컵을 선택해서 그 맛을 극대화하는 것(자극의 오류)이 그 예입니다.

물론 전혀 공감할 수 없는 엉뚱한 프로파일을 적어 두거나 커피에 어울리지 않는 컵을 선택한다면 오히려 역효과가 날 수 있으니 주의해야 합니다. 바리스타라면 센서리 지식을 충분히 갖추고 커핑을 잘할 수 있어야 하며 커피에 맞는 전략을 짜서 고객에게 쉽게 다가갈 수 있는 능력을 갖춰야 할 것입니다.

신맛이 나야
좋은 커피라고 하던데요?

이 책을 읽는 분이라면 그렇지 않겠지만 일반 대중 중에는 신맛이 나는 커피라고 하면 손사래를 치며 거부하는 분이 많은 것도 사실입니다. 하지만 우리는 알고 있어요. 신맛이 없다면 좋은 커피가 될 수 없다는 것을.

신맛
넌 누구냐!

물론 신맛이 있다고 다 좋은 커피는 아닙니다. 예를 들어 얼굴에 코가 없다면 미남이 될 수 없지만 코가 있다고 모두가 미남은 아닌 것과 같습니다. 일단 작든 크든 코가 있어야 하지만 그 형태가 더 중요하듯, 신맛이 존재하는 것은 물론이고 그것의 강도와 퀄리티가 조화로운 것이 무엇보다 중요합니다.

신맛의 정체는 주로 '산^{Acid}'입니다. 하지만 모든 산이 신맛은 아니죠. 앞으로 설명할 시트릭산이나 말릭산 같은 산은 신맛이 나지만, 커피 성분 안에서 가장 많은 비중을 차지하고 있는 산은 클로로겐산으로 오히려 쓴맛을 담당하고 있습니다. 우선 'Acid(산)가 Acidity(산미)는 아니다'라는 사실을 기억해 주세요. 그럼 본격적으로 신맛을 내는 성분들에 대해 알아봅시다.

시트릭산
Citric acid

신맛을 내는 산 중 가장 대표적인 친구입니다. 우리에게 가장 익숙하고 쉽게 발견되는 맛이죠. 한 번쯤 들어보셨을 '시트러스'가 바로 시트릭산입니다. 귤, 오렌지, 레몬, 라임 같은 과일에 많이 들어 있는 산으로 상큼하고 침샘에 침이 고이는 맛입니다. 색으로 표현하자면 노란색이나 주황색이 떠오르는 산이 되겠습니다. 한글로는 구연산이라고 부르죠.

말릭산
Malic acid

들어본 적 없을 수 있지만 아주 흔히 접할 수 있는 산입니다. 사과나 딸기, 복숭아 등에서 많이 발견되기 때문이에요. 시트릭산에 비해 단맛이 더 강하게 느껴지는데, 상큼함 위에 덮여 있는 그 단맛 때문에 사람들이 일반적으로 시트릭산보다 더 편하게 즐기고 좋아하는 신맛입니다. 파란색이나 분홍색 혹은 빨간색이 떠오르는 맛이라고 할 수 있겠네요. 우리말로는 말산 혹은 사과산이라고도 해요.

타르타릭산
Tartaric acid

타르타르 소스를 연상시키는 이름이지만 관련은 없어요. 이 산미는 대표적으로 와인이나 포도에서 발견된답니다. 그러니까 다소 검붉은 계열이 떠오르는 산미가 되겠죠? 따라서 청포도나 화이트 와인에서 느껴지는 신맛은 타르타릭산의 산미가 아님을 주의해 주세요. 그럼 청포도 맛이 난다면 어떤 산미로 기록하면 될까요? 딩동! 맞아요. 말릭산이 되겠죠? 타르타릭산은 우리말로 주석산 또는 포도산이라고 부릅니다.

간혹 "로제 와인의 산미는 어떤 산미인가요?"라고 질문하시는 분도 계십니다. 로제 와인에서는 말릭산과 타르타릭산 두 가지를 모두 느낄 수 있어요. 꼭 한 가지 산만 느껴지는 것은 아니고 여러 가지 산이 결합되는 것이 대부분이니까 어떤 산일지 너무 고민하지 말고 느껴지는 모든 것을 적어보세요.

락틱산
Lactic acid

라틴어 기원으로 'La'로 시작하는 단어라면 우유와 관련이 있을 가능성이 높습니다. Latte(라떼) 혹은 Lacto(락토) 역시 마찬가지죠. 그래서 락틱은 요거트나 우유 같은 산을 떠올리면 좋습니다. 뭔가 흰색의 느낌이나 이미지를 가지고 있는데, 실제로 이 산을 먹어보면 역시 상큼한 계열입니다. 그래도 다른 산에 비해 강도가 조금 낮고 텍스처는 끈적한 편이에요. 요거트 혹은 발효 느낌의 산을 떠올리면 좋을 것 같습니다.

오래전에는 이 산에 대해 설명하기가 어려웠답니다. 이런 느낌의 산을 가진 커피가 많지 않았거든요. 하지만 무산소 커피, 특히 이스트나 가향 느낌을 가진 커피가 많이 등장하면서 이 계통의 커피가 흔해졌습니다. 한때 딸기 요거트 느낌이 나는 커피가 유행한 적이 있는데, 락틱산이 강하게 느껴졌고 실제로 추후 설명할 COE 대회에서는 그 커피의 프로파일에 가장 대표적인 것으로 락틱산이 기재되었습니다. 락틱산은 우리말로는 젖산이라고 부릅니다.

포스포릭산
Phosphoric acid

포스포릭산은 들어보지 못한 분이 많을지도 몰라요. 하지만 이 이야기를 하면 무릎을 탁 칠 겁니다. 콜라가 톡 쏘는 맛을 주는 이유는 탄산 때문만이 아니라 포스포릭산 때문이라는 이야기요. 즉 콜라 같은 탄산음료에도 첨가되는 것이 포스포릭산, 우리말로 인산이라 불리는 성분입니다. 실제 탄산만큼의 강도는 아니지만 커피에서 청량하고 톡 쏘는 느낌을 받는다면 포스포릭산이라고 기록해도 좋아요.

아세틱산
Acetic acid

아세틱산은 많이 들어봤을 것 같아요. 맞습니다. 바로 식초에 들어있고 초산이라고 불리는 그 녀석입니다. 썩 좋아 보이는 느낌은 아니라고 생각할 수 있지만, 꼭 그렇지도 않습니다. 사실 식초를 넣는 요리가 많잖아요? 어떤 조합을 이루느냐가 더 중요하지 아세틱산 자체가 나쁜 맛을 주는 것은 아닙니다. 그럼에도 불구하고 아세틱산의 느낌이 강하다면 좋은 평가를 받기는 어렵겠죠?

이상 다양한 산을 공부해봤습니다. 커피, 특히 스페셜티 커피에서는 신맛이 커피 퀄리티에서 차지하는 비중이 매우 높습니다. 신맛은 대부분 앞서 설명한 산에서 나오므로 이 내용만 숙지하고 실전에 적용할 수 있다면 스페셜티 커피의 절반 정도는 마스터한 셈입니다.

산을 따로 공부하는 방법은 실제 그 산에 해당하는 과일을 많이 접하는 방법이 가장 좋지만, 요즘에는 여러 가지 산이 키트로 출시되어 집에서도 용액이나 파우더로 먹어보고 느낌을 공유할 수 있으니 여러분도 직접 해보세요.

신맛이 나야 좋은 커피라고 하던데요?

산 키트

커핑 노트를 적어봅시다
- 커핑 초보 탈출 방법

지금까지의 내용을 숙지했다면 큰 틀에서 이론적으로 커피를 판별할 수 있습니다. 하지만 실전에서 이론을 사용하려면 향에 대한 훈련과 어떤 향이나 맛을 느꼈을 때 사용하는 언어에 대한 공부를 마쳐야 합니다.

아로마 키트로
향을 공부해요.

향을 공부하거나 훈련하려면 그 향이 나는 무언가를 먹어보는 게 가장 좋지만, 실제로 그렇게 하기는 어렵습니다. 한국에서 만나기 힘든 과일이 있기도 하고, 또 있다고 한들 매번 구하는 게 쉽지 않으니까요. 그래서 커피에서 잘 나오는 향을 따로 모아서 만든 키트를 활용하면 좋습니다. 이를 아로마 키트라고 부릅니다.

프랑스의 와인전문가 장 르누아르Jean Lenoir가 개발한 '르네 뒤 카페Le Nez du Café'라는 키트밖에 없던 시절에는 SCA자격증 시험을 보려고 해도 꼭 이 키트를 사용해야 했습니다. 또한 그의 회사는 36개의 향을 모아 둔 르네 뒤 카페뿐 아니라 와인에서 나오는 향을 공부하기 좋게 54가지의 향을 모아 둔 르네 뒤 뱅Le Nez du Vin이라는 제품을 출시했습니다. 두 제품 모두 공부하기엔 좋지만 기왕이면 향이 더 다양한 54가지 버전이 좋은 듯했어요. 커피라고 해서 꼭 34가지 향만 나오는 것은 아니니까요.

그런데 요즘에는 한국에서도 키트를 생산합니다. '센톤SCENTONE'에서 개발해 시판 중인 'T100'에는 100가지 향이, 'T144'에는 144가지 향이 있습니다. T144의 경우 커피의 부정적인 향까지 포함하고 있어서 커피의 디펙트를 공부하기에도 유용합니다만, 가격 차이가 꽤 크기 때문에 여건에 맞게 선택하면 되겠습니다.

키트를 선택했다면 이를 이용해 공부하는 방법을 알아야겠죠? 기본적으로는 키트의 뚜껑을 열고 뚜껑의 향을 맡거나 본체의 향을 맡으면 됩니다. 이러한 키트들의 향은 화학적인 향이므로 우리가 느끼기에는 알코올 같은 향이 강하게 느껴집니다. 그래서 처음에는 무슨 향인지 분간하기 어려운 것도 많아요.

따라서 그 안에서 제품이 의도한 향을 찾는 것이 1차 목표입니다. '실제 향'을 찾아야 '제품이 의도한 향'이라니 무슨 소리냐고 할 수 있지만, 사실 그렇게 따지면 커피에 존재하는 각종 과일 향도 실제 그 향은 아닌 걸요.

예를 들어 커피에서 딸기 향이 난다고 해봅시다. 실제 딸기가 들어있는 것도 아닌데 어떻게 커피에서 딸기 향이 날까요? 우리는 그저 '딸기에서 느껴질 것 같은' 혹은 '딸기라고 해도 믿을 것 같은' 향이 있기 때문에 딸기 맛 혹은 딸기 향이 나는 커피라고 말해왔던 겁니다. 결론적으로 커피에는 딸기 향이 없습니다. 딸기가 아니니까요.

어찌 보면 커피에서 딸기 향이 난다고 하기에는 너무나 미미하고 말이 안 될 수도 있습니다. 우리는 그저 딸기 향이 난다고 믿고 있는 것인지도 몰라요. 그렇지만 커피를 하는 사람들, 그리고 커피를 좋아하는 사람들은 그런 향이 느껴지면 이구동성으로 '딸기 같은 커피'라고 합니다. 커피를 놓고 칼리브레이션^{Calibration}이 되었기 때문입니다. 쉽게 말하면 서로 간에 약속이 된 거예요. 이런 향이 나면 이렇게 부르고 이런 점수를 주자고 말이죠. 칼리브레이션에 대해서는 뒤에 자세히 다루겠습니다.

그래서 아로마 키트에도 진짜 딸기 향은 없을지 모릅니다. 하지만 아로마 키트를 이용해서 실제 딸기와 커피에서 느껴질 법한 딸기 향을 연결하기엔 충분합니다. 그러므로 키트에 적힌 정답을 맞추지 못했다고 좌절할 필요는 없습니다. 어차피 진짜 향은 아니었으니까요! 다만 진짜가 아니었으니 괜찮다고 스스로 위로할 것이 아니라 이제 그 키트를 연결고리 삼아서 '커피에서 이러한 향이 조금이라도 느껴지면 이런 방식으로 표현해야 겠구나!' 하고 향을 기억하시면 됩니다.

맞아요. 향도 외우고 공부해야 합니다. 커피를 많이 마신다고 커피를 잘할 수 있게 되는 것이 아니라 외우고 공부하고 머릿속에 집어넣는 겁니다. 향을 계속 외우고 공부하다 보면 해당 향에 대한 역치^{Threshold}가 점점 낮아져서 커피에서 살짝 스쳐 지나가는 딸기 향도 잡아낼 수 있게 되거든요. 다양한 향에 대한 경험이 부족하다면 키트를 이용해서 머릿속에 각인해 둡시다. 특히 우리가 생활 속에서 자주 접하는 향이 아니라면 주기적으로 반복해 줘야합니다.

특히 견과류 향이나 과일 향은 커피에서 자주 나타나고 세분화할 필요가 있는 향입니다. 아몬드와 헤이즐넛 그리고 호두나 땅콩은 다 비슷한 견과류 향이지만 커피에서는

아로마 키트 훈련

그것에 따라 점수 차이도 크게 날 수 있는 부분이라 세밀하게 공부할 필요가 있습니다. 제 말을 믿고 시작해 보세요. 처음엔 하나도 모르겠지만 꾸준히 하다보면 아주 디테일한 차이를 느끼게 될 겁니다.

기본적인 용어를
배워봐요.

아로마 공부가 충분히 되었다면 자신감이 붙었을 겁니다. 커피를 마시거나 커핑을 했을 때 적어도 내가 알고 있는 향을 이야기하면서 대화를 진행할 수 있거든요. 하지만 무슨 맛이나 향이 난다고 하는 것만으로는 부족합니다. 커피 센서리에선 특정한 향만을 표현할 뿐 아니라 다양한 느낌을 때로는 구체적으로, 때로는 추상적으로 표현하면서 서로의 공감을 이끌어내야 합니다. 그런 의미에서 기본적인 표현법을 배워보도록 합시다.

일반적인 표현

- **Complex(콤플렉스)**

단수 표현으로 가장 최상급인 프로파일에 대한 설명이라 생각합니다. 어떤 커피에서 한두 가지로 표현할 수 없는 다양한 맛이 느껴졌다는 뜻이에요. 여기선 좋은 맛이 다양하게 느껴질 때만 사용한다는 게 중요합니다. 부정적인 맛이 여러 개 있다고 해서 '콤플렉스'라고 표현하면 안 됩니다.

또한 단순히 다양한 맛이 느껴질 때가 아니라, 상대적으로 다른 카테고리에서 다양한 맛이 느껴질 때 사용합니다. 예를 들어 커피에서 호두와 아몬드 맛이 느껴질 때 콤플렉스라고 표현하진 않습니다. 누군가에게는 두 가지 맛이 비슷해서 한 가지 맛처럼 느껴질 수 있기 때문입니다. 하지만 딸기 맛과 호두 맛이 동시에 난다면 콤플렉스하다고 말할 수 있겠죠?

- **Delicate(델리키트)**

'Delicious(딜리셔스)'와 비슷한 철자죠? 딜리셔스의 뜻처럼 일단 맛있다는 뜻이라고 생각하면 돼요. 특히 강렬한 맛보다 잔잔하면서도 품격있는 맛이 느껴질 때 쓰기 좋습니다. 같은 파스타를 먹어도 집에서 내가 간단히 만들 때보다 고급 레스토랑 쉐프가 만들어줄 때 더 맛있고 우아하게 느껴지는 경우가 있죠? 단지 맛있다는 느낌뿐 아니라 전반적으로 우아하고 섬세하게 느껴지면 이렇게 표현할 수 있어요.

• **Fine(파인)**

"How are you?", "I am fine."에서 쓰는 그 'fine'이 맞습니다. 그런데 'I am fine'이 '진짜 좋아!'라는 뜻까지는 아니고 '괜찮아!' 정도의 뉘앙스라는 사실 아시나요? 어떤 커피를 '파인'이라고 하면 그냥 적당히 먹을 만하다는 뜻입니다. 그래서 보통 스페셜티 커피의 프로파일엔 들어가지 않고, 커머셜 커피를 커핑할 때 자주 보입니다. 브라질 커머셜 커피에 'Fine cup'이라고 이름 붙일 정도로 무난한 커피에 쓸 수 있겠습니다. '나쁘지 않네?' 정도로 기억하세요.

• **Well balanced(웰 밸런스드)**

밸런스가 좋아서 전체적인 균형이 맞는 커피에 사용합니다. 밸런스라는 단어가 쉽게 다가오지 않을 수 있는데요. 각기 다른 배우의 눈, 코, 입을 따라 성형하면 막상 전체적인 결과물은 어색해 보일 수 있는 걸 생각하면 이해가 쉽습니다. 커피도 마찬가지예요. 산미가 좋고 바디가 좋더라도 전체적인 결과물이 완벽한 것은 아니죠. 오히려 플레이버나 애프터테이스트는 특별하지 않았는데, 실제 커핑하거나 마실 때는 전체적으로 시너지가 발생해서 균형이 맞는 경우가 있습니다. 'Balance(밸런스)' 혹은 'Well balance(웰 밸런스)'라고 하거나 조화롭다는 뜻의 'Harmony(하모니)' 또는 'Harmonious(하모니어스)'라고 쓰기도 합니다.

뒷맛에 관한 표현

• **Long/Short Aftertaste(롱 애프터테이스트/쇼트 애프터테이스트)**

말 그대로 뒷맛, 즉 후미가 길고 짧음에 따라 쓸 수 있는 표현입니다. 뒷맛이 길게 느껴진다면 롱 애프터테이스트, 짧다면 쇼트 애프터테이스트가 됩니다. 그런데 뒷맛의 길이는 시계를 이용해 정량적으로 측정할 수 없습니다. 우리의 느낌에 따라서 결정이 돼요. 후미의 길이를 확인하는 방법은 다음과 같습니다. 커핑할 때 슬러핑과 스피팅을 하고 나서 코로 숨을 크게 내쉬어 보세요. 이때 코를 통해 맛이 얼마나 길게 빠져나가는지 생각해보면 되는데, 사실 길고 짧음은 전술한 바와 같이 초로 재는 것이 아니라 판별이 쉽진 않습니다.

하지만 커핑을 꾸준히 하다보면 다른 일반 커피와의 비교, 커퍼들과의 대화 등의 경험이 축적됨에 따라 이 커피가 다른 커피에 비해 확실히 길거나 짧다는 것을 판별할 수 있게 됩니다. 참고로 좋지 않은 맛이 길게 난다고 해서 'Long'이라 칭하지는 않아요. 좋은 맛에만 해당되는 표현입니다.

• **Persistent(퍼시스턴트)**

롱 애프터테이스트의 조금 더 화려한 버전입니다. 그냥 길게 뒷맛이 난다고만 쓰기엔 아까울 때 쓸 수 있고, 훨씬 길고 긴 뒷맛이 난다면 'Long Long Aftertaste' 대신 '퍼시스턴트'라고 표현하면 좋습니다. 직역하면 '영속적인'이라는 뜻이니, 뒷맛이 얼마나 길게 느껴지는 커피에 이 표현을 사용할지 상상해 보세요.

• **Lingering(링거링)**

어찌 보면 뒷맛에 관한 표현 중에서는 끝판왕이라고 할 수 있어요. 뒷맛의 길이도 길지만 다양한 맛들이 계속 올라와서 후미가 끝없이 이어지는 상태를 표현한다고 할까요? 처음 배웠던 콤플렉스가 주로 복잡한 플레이버를 표현할 때 쓰인다면, '링거링'

은 뒷맛이 복잡할 때 사용합니다. 여러 가지 맛들이 주렁주렁 길게 이어진다면 써보세요.

캐릭터에 관한 표현

• Bright(브라이트)

커피의 캐릭터가 밝게 다가온다면 '브라이트' 혹은 'Brightness(브라이트니스)'라고 하면 됩니다. 반대로 'Dark(다크)'라는 표현은 커피 프로파일에 잘 쓰지 않아요. 딱히 긍정적인 표현이 아니니까요. 커핑을 할 땐 보통 좋은 내용만 기재합니다. 사람에 대해 표현할 때도 좋은 점이 얼마나 많은가에 중점을 두고 나쁜 점은 굳이 언급하지 않는 것과 같습니다. 이렇듯 커핑의 성격에 따라 다르긴 하지만, 일반적으로 커핑에선 긍정적인 표현이 주를 이룹니다.

• Vivid(비비드)

브라이트에 비해 생동감이 드는 커피에 쓸 수 있습니다. 밝은 커피와 생동감 있는 커피는 우리말로도 느낌이 다르듯, '비비드'가 더 긍정적인 표현이겠죠? 밝고도 생생한 색이 떠오르는 커피라면 사용해 보세요.

• Lively(라이블리)

역시 살아 있는 느낌이 있을 때 쓰는 표현으로 앞서 언급한 브라이트나 비비드와 비슷하지만 어감 차이가 조금 있습니다. 커피가 훨씬 살아 있는 느낌을 줄 때 사용해요. 물론 실제로 살아 있는 커피를 상상할 순 없지만, 그만큼 다른 커피에 비해 활기차게 느껴진다는 거죠. 주로 시트릭산이 좋을 때 이런 느낌을 받을 수 있습니다. 'Live(라이브)'라고 써도 됩니다.

- **Vibrant(바이브런트)**

생동감을 표현하는 또 다른 표현이자 이 계열 중에서는 대장격이라 할 수 있는 단어입니다. 통통 튀면서 움직이는 것처럼 아주 역동적인 느낌을 줄 때 쓸 수 있는 표현으로 위 세 가지보다 조금 더 좋은 점수를 받을 수 있습니다.

   지금쯤 어떤 분은 너무 어려워서 어떻게 써야할지 모르겠다고 푸념하실 수도 있겠네요. 하지만 걱정하지 않아도 됩니다. 우리가 어릴 때 한글을 처음 뗄 때도 그랬거든요. 처음에는 비슷한 대상을 한 가지 단어로만 표현했지만, 어휘력이 늘고 성장하면서 점점 디테일하게 표현하는 것과 같습니다. 잘 모를 땐 비슷한 표현으로 아무거나 사용해도 좋습니다. 어차피 딱! 떨어지는 정답이 있는 것도 아니니까요.

바디감에 관한 표현

- **Rounded(라운디드)**

둥글둥글한 질감을 가지고 있다면 쓸 수 있습니다. 모난 것 없이 입을 잘 감싸 주는 느낌의 커피에 사용하며, 꽤 좋은 질감을 가리킨다고 할 수 있겠네요. 거친 느낌이 없고 입에 착 감기는 바디감이라고 기억해 두세요. 'Round(라운드)'라고 적어도 됩니다.

- **Sharp(샤프)**

'샤프'한 느낌은 바디감으로는 그다지 좋지 않습니다. 얼핏 들으면 '샤프하다'라는 말이 나빠 보이진 않지만, 커피에서는 뭔가 콕 찌르는 느낌을 뜻한다고 기억해 주세요. 주로 시트릭산 같은 산이 기분 좋지 않게 찌르는 느낌을 줄 때 쓰고, 크게 부정적이지는 않지만 결코 긍정적이지도 않은 프로파일입니다.

- **Creamy(크리미)**

커피에서 크림 같은 질감이 느껴질 때 사용합니다. 커피에 따라 바디감, 다시 말해 질감이 꽤 다른데, 두꺼우면서도 끈적이는 느낌이 강한 커피를 '크리미'라고 합니다. 생각만 해도 맛있는 커피 아닌가요?

- **Juicy(쥬시)**

커피를 마시고 일반적인 커피의 느낌이 아니라 주스를 마신 듯한 질감을 느꼈다면 써 보세요. 어쩌면 흔히 들어본 표현일 것 같습니다. 요즘 커피 중에 쥬시한 커피가 많거든요.

- **Harsh(하쉬)**

다소 거친 느낌의 바디감이나 텍스처라면 '하쉬'라고 합니다. 입안이 까끌거리는 느낌으로 커피를 빨리 삼키거나 뱉고 싶다면 이렇게 표현할 수 있겠네요. 당연히 감점 요인입니다.

산미에 관한 표현

- **Good Acidity(굿 애시디티)**

특정한 산미가 연상되기보다 전체적인 산미가 좋을 때 쓸 수 있습니다. 반대로 'Bad Acidity(배드 애시디티)'라는 표현은 없습니다. 만약 너무 강하거나 시큼한 산미가 있다면 'Sour(사워)'라고 하는 게 일반적이죠.

- **Refined(리파인드)**

산미가 쪼개져서 부드럽고도 잔잔한 느낌이 든다면 '리파인드'가 적합합니다. 파인과 비슷한 단어지만 쓰임새는 많이 다릅니다. 꽤 고급스러운 표현인데, 이런 표현만 정확하게 익혀둬도 어떤 자리에서나 함께 커핑하고 대화를 나누는 데 부족함이 없을 겁니다.

- **Acetic(아세틱)**

산에 대해 공부할 때 등장했던 '아세틱'이군요. 하지만 커핑노트에 이 단어를 쓸 정도로 아세틱이 강하다면 그리 긍정적인 상황은 아닙니다. 식초 맛이 난다고 하는 것과 비슷하거든요.

산을 표현할 때 위와 같은 표현을 쓰기도 하지만, 특정 과일이나 산을 이야기하는 것이 가장 쉽고도 대중적인 표현법입니다. 예컨대 'Malic(말릭)', 'Citric(시트릭)'이라고 말하거나 'Lemon(레몬)', 'Orange(오렌지)'라고 하는 거죠.

부정적인 표현

부정적인 표현은 잘 하지 않지만, 그럼에도 꼭 써야 할 때가 있겠죠? 전술한 일부 부정적인 사례와 더불어 그 밖의 표현들도 기억해 둡시다.

- **Astringent(아스트린젠트)**

커피를 마시자마자 덜 익은 바나나를 먹은 듯 떫은 느낌이 들거나 입안의 침이 쫙 마르는 느낌을 받는다면 이렇게 표현합니다. 단순히 'Dry(드라이)'해서 마른 느낌보다 조금 더 강한 부정의 표현입니다.

- **Acrid(애크리드)**

강하게 찌르는 듯한 느낌으로 너무 강렬해서 부정적일 때 사용합니다. 샤프보다 훨씬 부정적이죠.

- **Metallic(메탈릭)**

쇠 맛을 연상시키는 커피에 쓸 수 있습니다. 커피에서 쇠 맛이라니! 상당히 부정적이죠. 하지만 잘못 가공되거나 잘못 로스팅된 커피에선 쇠 맛이 나기도 한답니다. 또한 쇠 맛이 느껴지는 잔으로 마실 때 느껴지기도 합니다.

- **Flat(플랫)**

커피가 너무 무난해서 별 맛이 없을 때 '플랫'이라고 합니다. 단점이 크게 부각되지는 않지만 장점도 없어서 이도 저도 아닐 때 써보세요. 물론 부정적인 의미랍니다.

- **Bland(블랜드)**

으레 말하는 '블렌딩Blending한다'의 '블렌드Blend'가 아니라 'Bland(블랜드)'입니다. 플랫한 커피보다 더 플랫해서 물 맛이나 쓴맛 정도만 느껴지는 등 맛이 거의 느껴지지 않을 때 적합해요.

- **Over fermented(오버 퍼멘티드)**

너무 지나치게 발효되어 흔히 한국에서 장맛이라고 하는 발효 향이 강하게 날 때 쓸 수 있습니다. 보통 내추럴이나 무산소 발효 커피에서 이런 노트가 나올 때가 많아요. 적절히 발효됐을 땐 'Well fermented(웰 퍼멘티드)'라고 할 수 있지만 향이 너무 강해서 부정적으로 다가온다면 이 표현이 적합합니다.

조금 더 어려운
용어를 써볼까요?

위에서 이야기한 표현만으로도 충분할 수 있지만 그 외에도 수많은 표현이 있습니다. 아래 표현들은 있다는 정도만 알아둬도 좋습니다. 커핑을 꾸준히 하다보면 언어를 습득하듯 자연스레 알게될 겁니다.

- **Crisp(크리슾)**

바디감이나 산미와 관련한 표현으로 튀김을 먹을 때 'Crispy(크리스피)'하다고 표현하는 걸 생각하면 돼요. 커피도 바삭한 느낌이 드는 경우가 있답니다.

- **Multi-dimensional(멀티 디멘셔널)**

'다차원'이라는 뜻인데요. 커피가 다양하면서도 긍정적인 면을 여러 개 가지고 있을 때 사용합니다.

- **Velvety(벨베티)**

벨벳 같은 질감을 가진 커피에 사용합니다. 플러스 요인이 되겠습니다.

- **Syrupy(시러피)**

쥬시에 비해 조금 더 끈적거리는 느낌이지만 크리미만큼 강하지는 않습니다. 달달하고 살짝 끈적이는 시럽을 떠올려 보세요.

- **Articulated(아티큘레이티드)**

커피 맛의 구성요소들이 똑 부러진 느낌으로 서로 잘 연결되어 긍정적으로 다가올 때 사용할 수 있어요.

• Structured(스트럭쳐드)

구조감이 좋은 커피라는 뜻으로, 처음부터 잘 설계하고 만든 것처럼 맛이 하나부터 열까지 탄탄하게 이어진다면 써봅시다.

• Sticky(스티키)

끈적한 느낌의 커피에 사용할 수 있습니다. 얼핏 부정적인 표현이라 생각할 수 있으나, 기분 좋은 느낌으로 끈적일 때 씁니다. 캐러멜처럼 끈적이는 커피. 상상만해도 좋지 않나요?

• Mouthwatering(마우스워터링)

침이 고인다는 뜻인데요. 산미가 잘 올라와서 기분 좋고 자연스럽게 입안에 침이 고일 때 사용하면 됩니다.

• Refreshing(리프레싱)

우리가 우울할 때 'Refresh(리프레시)'되는 뭔가를 찾듯, 우울한 기분을 한 번에 날려주는 느낌의 커피에 적합한 표현입니다. 보통 포스포릭산을 가진 커피가 이런 느낌을 주곤 합니다.

• Transparent(트랜스페어런트)

투명한 느낌을 말합니다. 깨끗한 커피를 표현할 때 자주 사용하는 '클린^{Clean}'보다 조금 더 깨끗한 느낌입니다.

• **Crystal(크리스탈)**

'트랜스페어런트'보다 더 멋지게 표현하고 싶다면 비슷한 뜻을 지닌 '크리스탈'을 써도 좋아요!

• **Consistent(콘시스턴트)**

유지력이 좋은 커피에 사용합니다. 뜨거울 때나 식었을 때나 같은 맛을 보여주는 커피랍니다. 물론 긍정적인 맛이 유지돼야겠죠?

• **Improving(임프루빙)**

'Improve(임프루브)' 혹은 'Increasing(인크리싱)'이라고 쓰기도 합니다. '콘시스턴트'가 유지력이 좋은 커피라면, '임프루빙'은 식어가면서 점점 더 맛있어지는 커피를 말합니다. 반대로 시간이 갈수록 맛이 떨어지는 커피는 'Decreasing(디크리싱)'이라고 합니다.

• **Jammy(재미)**

잼 같은 질감이 감지된다면 '재미'라고 표현하기도 합니다.

• **Well pronounced(웰 프로넌스드)**

눈에 띄는 독특한 개성을 가진 커피에 사용합니다. 긍정적인 느낌일 때만요.

• **Lush(러쉬)**

풍성한 느낌을 주는 커피로, 단지 맛이 다양한 게 아니라 여러 가지 느낌이 한 번에 잘 다가올 때 사용해 보세요.

- **Layered(레이어드)**

맛이 겹겹이 쌓여 있다는 뜻인데, 보통 산미가 다양한 종류에 걸쳐 있을 때 사용합니다. 예를 들어 시트릭산과 말릭산이 층층이 느껴지는 경우처럼 말이죠.

이젠 진짜
커핑 점수도 줘봅시다!

떨리는 순간이 왔습니다. 실전에 들어갈 시간이거든요. 센서리와 커핑에 대한 기본 개념을 배웠고, 또 어떻게 해야 하는지 공부했으며, 맛과 향을 표현하는 방법까지 알아봤습니다. 이제 실제 커피를 놓고 커핑을 하며 스코어링을 할 때입니다. 커피에 점수 주는 방법을 더 자세하게 살펴보아요.

SCA
스코어링

전 세계엔 여러 종류의 커핑 폼이 있지만, 가장 많이 사용되는 것은 SCA에서 제작한 커핑 폼입니다. 원래 SCAA(미국스페셜티커피협회)에서 먼저 사용했지만, 이후 SCAE(유럽스페셜티커피협회)와 통합해 SCA(스페셜티커피협회)를 출범한 후에는 미국뿐 아니라 유럽에서도 사용하게 되었고, 이후 아시아 등 전 세계에서 공식적으로 사용하는 커핑 폼이 되었습니다.

우리가 흔히 이야기하는 '스페셜티 커피'의 기준도 이 폼을 이용해서 체크합니다. 스페셜티 커피는 점수를 비롯해 이력의 추적 가능성, 지속 가능성 등 다양한 요소를 충족해야 하지만, 우선 SCA 커핑 폼 평가에 따라 80점 이상을 받는 것이 전제 조건입니다. 80점 미만의 커피들은 기본적으로 커머셜 커피로 분류됩니다.

커핑 폼에서는 최소 6점, 최대 10점을 줄 수 있고 스케일은 0.25점 단위로 세부적인 배점도 가능합니다. 가로축으로 구성된 Quality(퀄리티/점수) 외에 세로축으로 나열된 Intensity(인텐시티/강도) 체크 라인과 디펙트 발견 시 점수를 차감하는 영역도 따로 있습니다. 우측 상단에 레퍼런스 퀄리티 스케일 Quality Scale이 있으므로 그것을 보면서 폼을 처음 접하는 사람도 쉽게 따라해 볼 수 있습니다.

커핑 폼 작성은 자신의 이름과 오늘의 날짜를 적는 것으로 시작합니다. 내 이름을

퀄리티 스케일

Quality Scale

6.00 - GOOD	7.00 - VERY GOOD	8.00 - EXCELLENT	9.00 - OUTSTANDING
6.25	7.25	8.25	9.25
6.50	7.50	8.50	9.50
6.75	7.75	8.75	9.75

커핑 초보자라면 커핑 폼 우측 상단의 퀄리티 스케일을 참고하세요. 대략적인 점수 책정 기준을 확인할 수 있답니다.

SCA 커핑 폼

적고 나면 커피 평가에 대한 책임감이 커지게 됩니다. 심호흡을 한 번 하고 커핑을 시작해 봅시다.

　　다음으로 기재해야 할 항목은 'Sample #'이라고 적힌 부분입니다. 여기에는 샘플의 이름이나 번호를 적습니다. 우리가 처음에 공부했듯 단순히 '1, 2, 3'이라고 쓰기보다는 센서리 에러가 발생하지 않도록 임의의 번호를 사용하는 게 좋겠죠? Sample # 항목은 총 세 개이므로, 한 장의 커핑 폼으로 세 잔의 커피까지 커핑할 수 있겠습니다.

　　바로 그 옆에 'Roast Level of Sample'은 그라데이션 처리가 되어 있죠? 로스팅된 커피의 색상을 체크하는 영역입니다. 아래쪽으로 갈수록 다크하고, 위쪽으로 갈수록 라이트합니다. 사실 커핑에 맞게 로스팅했다면 모든 커피는 중간 정도에 위치해야합니다. 그럼에도 불구하고 이 항목이 존재하는 이유는 로스팅이 잘못된 커피를 가려내기 위함이고, 또 아무리 비슷하게 로스팅하더라도 커피 품종이나 가공방식에 따라 차이가 날 수도 있기 때문입니다. 레퍼런스(기준)를 잡기 위해 참고적으로 사용하는 것이

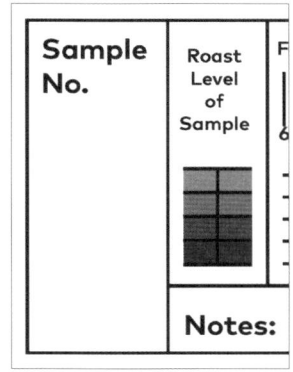

죠. 따라서 이 부분은 점수로 연계되는 항목은 아니고, 추후 디브리핑Debriefing[2] 할 때 참고할 사항으로서 가치가 있겠습니다.

프래그런스/아로마

여기까지가 본격적으로 커핑하기 전 과정이었다면, 이제부터는 실제 점수가 들어가는 영역입니다. 조금 더 긴장이 되죠?

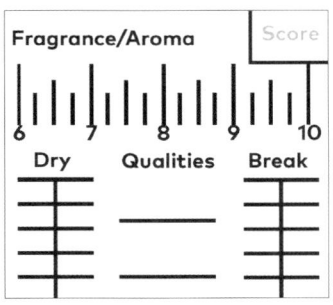

　먼저 보이는 것은 '프래그런스/아로마' 항목입니다. 말씀드린 바와 같이 점수를 주는 항목은 기본적으로 6점부터 10점 중 선택할 수 있습니다. 6점이면 가장 좋지 않은 향이 느껴졌다는 뜻이죠. 어느 정도가 6점이고 어떤 향이 10점인지 판단하기 애매할 텐데, 이럴 때 퀄리티 스케일을 참고하면 됩니다. 6점이 'Good'에 해당한다고 되어

2　커핑이 끝난 뒤 커핑 결과를 토론하는 것.

있네요? 맞습니다. 이상하거나 부패된 듯한 향이 났을 때 6점이 아니라, 그냥 '나쁘지 않은', '일반적인 커피 같은' 향이 났을 때 6점이라는 뜻입니다. 그렇다면 부패된 듯한 향이 나는 커피에 그 이하의 점수를 줄 순 없는 걸까요? 이론적으로는 가능하지만 커핑 폼에서는 그렇지 않습니다. 왜 그럴까요?

커핑 폼은 기본적으로 스페셜티 커피를 대상으로 하기 때문입니다. 어차피 모든 항목을 기본적으로 6점씩만 받게 되면 결코 총점이 80점을 넘을 수 없어서 커머셜 커피가 되는데, 그런 커피를 대상으로 이 폼을 이용하는 게 아니기 때문이죠. 부분적으로 6점이 나오는 항목이 있을 수는 있지만, 애당초 커핑 폼은 그 이하의 점수가 나오는 커피를 대상으로 하지 않으므로 최저점이 6점이 됩니다.

그래도 여전히 궁금할 거예요. 어떤 커피가 6점이고 10점이 될지. 우선 6점은 언급한 바와 같이 그냥 Good. 우리말로 '좋아!'라는 뜻이 아니라 영미권에서 쓰이는 느낌처럼 '그냥 괜찮아!'의 수준으로 보면 되고, 7점이면 Very Good, '꽤 괜찮아! 먹을 만해!' 정도가 되겠네요. 그러니까 맛이 없는 커피도 일단은 그냥 Good, 6점이 됩니다. 말만 Good이지 실제로 Good은 아니라는 걸 알겠죠?

따라서 8점은 되어야 우리가 훌륭하다고 인정하는 향이 나왔다는 뜻입니다. 바로 그때부터 Excellent, '정말 훌륭해!' 정도로 보면 좋겠습니다. 만약 9점을 주려면 Outstanding이어야 하는데, 이는 다른 커피에서 쉽게 보기 힘든 향이 나올 때로 봐야 합니다. 9점을 준다는 건 일반적인 커피보다 정말 큰 차이가 난다는 걸 의미하죠.

그런데 10점은 왜 기준치가 안 적혀 있냐고요? 사람이 완벽할 수 없듯, 커피도 완벽한 만점을 받는다는 건 말이 안 된다는 생각이 반영된 것 같습니다. 역대 커핑 중 100점짜리 커피가 나온 적은 아직 없습니다. 그만큼 10점은 이상향에 가까운 점수입니다. 그럼 10점을 주면 안 되냐고요? 그렇지는 않습니다. 정말 훌륭한 맛을 갖추고 있다면 당연히 줄 수 있고, 전체 항목에서 모두 10점을 받은 커피는 없지만 부분적으로 10점을 받은 커피는 많습니다.

향을 체크했다면 다음으로는 뭘 해야 할까요? 맞아요! 기억나시죠? 뜨거운 물을 부어야 합니다. 물을 붓고 나서는 브레이킹을 하기 전 4분 동안 천천히 아로마를 체크할 수 있습니다. 방금 분쇄된 향에 10점을 주고 싶었다 하더라도 물을 붓고 아로마를 체크하는 과정에서 그 감동이 느껴지지 않는다면 점수를 조금 낮춰야 합니다. 이 항목은 프래그런스(분쇄 커피 향)만 보는 것이 아니라 아로마(물을 붓고 느껴지는 향)까지 함께 평가하거든요. 따라서 프래그런스와 아로마를 합해서 평균 점수를 주면 됩니다.

프래그런스 점수를 줄 때 커핑 폼 위에 먼저 체크를 해 두는 게 좋아요. 어차피 아로마를 체크하면서 점수를 바꿀 수 있고, 무엇보다 여러 개의 커피가 있을 경우 미리 체크해 두지 않으면 점수가 헷갈리거든요. 그러니까 생각날 때 반드시 기록해 둬야 해요.

아직 기억하시죠? 아로마까지 체크하고 점수를 줬다고 해서 끝이 아니라 브레이킹이 남아 있다는 것! 아시다시피 브레이킹은 물을 붓고 4분 뒤 스푼으로 커피 표면을 깨면서 올라오는 향을 체크하는 작업입니다. 이렇게 세 가지 각기 다른 향을 체크해서 최종 점수를 주면 됩니다.

그런데 점수 아래에 강도를 체크하는 '인텐시티' 항목도 있네요. 이것은 처음 공부했던 것처럼 강도가 얼마나 되는지를 체크해 두는 영역입니다. 커핑에서 모든 인텐시티가 중요한 것은 아닙니다. 점수와 직결되지 않으니까요. 그럼에도 불구하고 이 항목이 존재하는 이유는 디브리핑 때 서로 이야기하거나 커피의 캐릭터를 쉽게 이해하는 데 도움이 되기 때문입니다.

처음에는 점수를 책정하는 것만으로도 바빠서 인텐시티를 확인하는 게 어려울지 모르지만, 경험을 쌓다보면 어느 순간 자연스럽게 체크하고 있을 거예요. 향에 대한 인텐시티는 아로마를 제외하고 프래그런스와 브레이킹 두 가지만 체크하는 것이 원칙입니다.

끝으로 '퀄리티'는 주관식 항목입니다. 여러분이 느낀 향 중에 독특한 것이 있다면 적는 곳이죠. 그냥 커피 향이나 견과류 향 등은 일반적인 커피에서도 올라오니 굳이 적을 필요는 없습니다.

이제 최종적으로 향에 점수를 주는 방법을 정리해 봅시다. 위 세 가지 향에서 일반적인 커피에선 볼 수 없는 기가 막히게 좋은 향이 복합적으로 난다면 10점에 가까운 점수를 줄 수 있습니다. 우리가 이상적이라고 기대함 직한 과일이나 꽃 향기가 올라온다면 8~9점 사이, 커피에 흔히 기대할 수 있는 견과류와 초콜릿 톤이면 7~8점이 됩니다. 그리고 풀 향, 흙 향 그리고 탄 향 등 특별히 기대하지 않는 향이라면 6점대로 내려갑니다.

플레이버, 애프터테이스트 그리고 애시디티

지금까지 분쇄 향과 물을 붓고 난 후의 향 그리고 브레이킹하면서 올라오는 향까지 '향'에 대한 모든 것을 체크했네요. 그렇다면 이제 본격적으로 슬러핑하며 '맛'에 점수를 줄 단계입니다. 긴장하지 마세요. 처음이 어렵지, 하다보면 누구나 잘할 수 있습니다. 간혹 처음 슬러핑을 할 때 사레 걸리듯 목에 커피가 막혀서 켁켁거리며 고생하기도 합니다. 얼마나 강하게 흡입해야 할지 감이 오지 않고, 점수를 잘 줄 수 있을까 겁이 나서 당황하며 생기는 현상이에요. 저 역시 그랬고 누구나 경험할 수 있는 일이니 실수해도 흔들리지 말고 차분하게 다시 시작해 봅시다.

향이 프래그런스, 아로마, 브레이킹으로 구성돼 있는 것처럼, 맛은 플레이버와 애

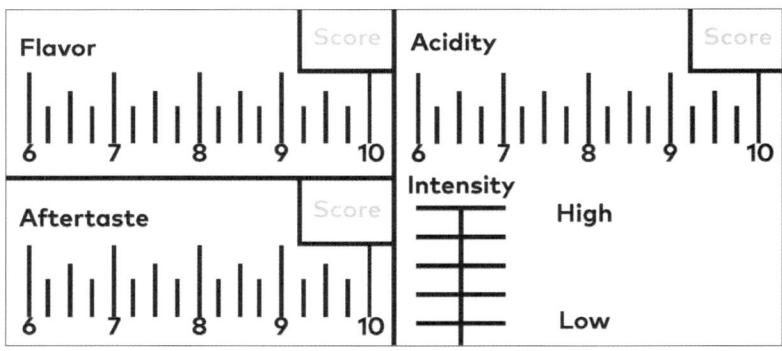

프터테이스트, 애시디티가 모인 삼총사입니다. 향은 세 가지의 평균값으로 하나의 최종 점수를 줬지만 맛은 각각 별도로 점수를 주는 차이가 있습니다. 결론적으로 커핑 폼을 통해 스코어링할 때는 향이 좋은 커피보다 맛이 좋은 커피가 훨씬 훌륭하다고 볼 수 있겠네요. 점수의 총합이 높으니까요!

먼저 플레이버부터 살펴보겠습니다. 플레이버는 흔히 생각하는 '맛'에 가장 근접한 영역입니다. "커피 맛이 어때?"라고 물었을 때의 답변들이 대개 여기에 해당하죠. 물론 커피 맛은 플레이버뿐 아니라 향을 비롯하여, 앞으로 등장할 모든 요소가 합쳐져서 구성되지만 플레이버는 그 구성 요소 중에서도 가장 높은 비중을 차지한다는 뜻입니다. 프로파일 노트를 적을 때 이야기하는 오렌지, 레몬, 망고, 재스민, 아몬드 같은 것이 플레이버의 예입니다. 즉, 맛을 보고 떠오르는 과일이나 꽃, 향신료, 견과류 등을 플레이버 항목에 기록하면 됩니다.

스코어링은 어떻게 해야 할까요? 커피는 과일의 한 종류이므로 과일을 평가할 때와 유사합니다. 달고 잘 익은 과일 향이나 기분 좋은 꽃 내음이 온 입을 감쌀 때 가장 훌륭한 플레이버라고 할 수 있죠. 다시 말해 이럴 때 10점에 가까운 점수를 받고, 반대로 설익은 과일처럼 떫거나 쓰기만 하면 6점 수준의 낮은 점수를 받게 됩니다. 구체적으론 과일 중에서도 망고를 비롯한 열대 과일처럼 전 세계인이 좋아하는 것이 9점대의 높은 점수를, 호불호가 상대적으로 큰 레몬, 오렌지는 8점대 점수를 받습니다. 또한 커피에서 흔한 프로파일인 견과류 톤이 과일 향에 비해 많이 나오면 더 낮은 7점대 점수를 받게 됩니다. 사람들은 견과류보다 과일을 더 좋아하니까요. 물론 견과류 안에서도 인기가 많고 커피 맛과 잘 어울리는 마카다미아, 피칸 등의 플레이버가 감지된다면, 7점대에서도 흔하고 인기가 덜한 호두나 아몬드보다 높은 점수를 줄 수 있습니다.

여기서 주의할 건 땅콩 맛이 느껴질 때예요. 커피에서 땅콩 프로파일이 등장하면 아주 낮은 점수를 받게 됩니다. 우리는 땅콩이나 호두가 비슷한 견과류라고 생각하는 경향이 있지만, 서양권에서는 땅콩이 그만큼의 대접을 받지 못하고 무엇보다 땅콩이라는 커피 프로파일은 땅콩 자체보다 땅콩 껍질 향이 날 때 기록하는 경우가 많습니다. 그러므로 기분 좋은 견과류 맛이 날 때 '땅콩'이라고 쓰고 높은 점수를 주는 것은 피해야합니다. 땅콩은 6점대의 점수로 볼 수 있겠습니다.

또한 너티Nutty 하다는 말은 어떻게 받아들여야 할까요? '견과류 같은 커피'를 일컫는 이 단어는 한국사람에겐 그리 나쁜 뉘앙스가 아니고 긍정적으로 쓰일 때도 많지만 커핑에서는 그렇지 않습니다. 물론 땅콩을 제외하면 견과류 자체가 나쁜 것도 아니고 모든 경우에 낮은 점수를 받는 것도 아니며 커핑 프로파일 흐름상 좋은 경우도 있지만, '너티하다'는 느낌이 지배적인 경우는 고득점 커피에서 보기 힘든 것이 사실입니다. 아무래도 예전의 커피는 비교적 품질이 좋지 않았고 강하게 로스팅해서 다크한 향과 견과류를 볶은 느낌이 강했다면, 요즘 스페셜티 커피는 과일에 가까운 맛을 보여 주니까요. 커피는 견과류처럼 볶아서 마시는 음료지만 본질적으로는 과일, 그러니까 체리를 따서 먹는 음료라는 것을 기억해 주세요.

다음으로 향신료 맛은 기본적으로 높은 점수를 받기 어렵습니다. 하지만 은은하고 달달한 시나몬이나 기분 좋은 카다멈 등의 맛이라면 8점대 이상의 플러스 요인이 됩니다. 페퍼, 바질 등은 커피와 아주 조화롭지 않는 한 긍정적으로 평가하기 어렵습니다.

아참, 한두 가지 맛만으로 표현하기 어려울 때도 있죠? 딸기, 초콜릿, 요거트가 섞인 맛이 난다면 이 표현을 모두 적기도 하지만 하나의 단어로 포괄하기도 한답니다. 앞서 배운 표현 중 하나인데 감이 오시나요? 바로 '콤플렉스'입니다. 아주 다양한 맛이 느껴져서 정의하기 쉽지 않을 만큼 좋다는 뜻이지요. 이런 프로파일을 기록했다면 10점에 가까운 높은 점수를 주면 됩니다. 그러나 꼭 기억해야 하는 것! 긍정적이지 않거나 무난한 맛들만 다양하게 나올 경우엔 콤플렉스라고 표현할 수 없다는 점이죠. 특별한 맛들이 복합적으로 구성됐을 때 사용하며, 특히 여러 카테고리를 넘나들었을 때만 제한적으로 사용하는 단어입니다.

결론을 내보죠. 플레이버는 우리가 일반적으로 말하는 맛의 영역이며 커핑했을 때 생각나는 과일, 꽃, 초콜릿, 향신료나 견과류 이름을 적으면 됩니다. 하지만 커피 또한 과일이라는 관점에서, 보다 많은 사람이 열광할 과일이라면 높은 점수를 주고, 이런 맛들이 카테고리를 넘나들며 긍정적인 맛들로 연결되어 있다면 '콤플렉스'라고 기록한 뒤 10점에 가까운 점수를 주면 됩니다. 반면 언제 어디서 커피를 마시더라도 흔하게 나올 듯한 초콜릿이나 견과류 톤이라면 7점 안팎의 비교적 낮은 점수를 줍니다. 특별한 향신료, 위스키 등의 술처럼 커피에서 보통 기대하는 맛이 아닐 경우엔 이 맛이 커피에 얼마나 긍정적인가를 기준으로 더 살펴보고 냉정하게 판단할 필요가 있습니다.

그런데 아직 풀리지 않는 의문이 있을 거예요. 어떤 것에 10점에 가까운 점수를 주고 어떤 것에 6점에 가까운 낮은 점수를 줘야 하는지는 이해하겠는데, 8.25점 혹은 9.5점처럼 상세한 점수는 어떤 식으로 줘야하는지에 대한 의문 말이죠. 이는 이 책의 후반부 '레퍼런스와 칼리브레이션' 파트에서 이야기할 테니 계속 따라오세요.

다음은 애프터테이스트입니다. 기억하시나요? 애프터테이스트는 커피를 마실 때 앞부분에 등장하는 플레이버와 달리 뒷부분에 나오는 맛으로, 후미라고도 한다는 것을요! 이 부분은 플레이버보다 점수를 쉽게 줄 수 있습니다. 단순히 길면 길수록 높은 점수를 주면 되니까요. 이 뒷맛이 길면 '롱 애프터테이스트'라고 기록하고 8점 정도의 점수를 부여하면 됩니다. 반대로 여운이 거의 없다면 '쇼트 애프터테이스트'라고 적고 7점 이하의 점수를 주세요.

퍼시스턴트와 링거링이라는 표현도 기억나시죠? 퍼시스턴트는 9점에 가까운 점수가 되겠습니다. 길고 긴 뒷맛은 물론이고 여기에 뒷맛이 복합적으로 뿜어져 나올 때 사용한다고 했던 링거링은 애프터테이스트 중 10점에 가까운 가장 높은 점수로 이어질 가능성이 높습니다. 한 가지 맛이 길게 남는 게 아니라 길면서 또 복합적이라는 뜻이니까요. 그 밖에 특별히 길거나 짧지 않고 인상적이지 않다면, 기본 커피에서 기대하는 수준에 해당하는 7점 선의 점수가 부여됩니다.

이제 맛의 3총사 중 마지막, 애시디티 점수를 알아봅시다. 여러분이 잘 알고 있는 신맛에 대한 점수예요. 오렌지 등에서 나오는 시트릭산은 보통 7점대를, 식초 같은 느낌의 시큼한 아세틱산이라면 6점대를 받습니다. 말릭산이나 타르타릭산, 포스포릭산이나 락틱산 등 사람들이 선호하는 신맛이 나온다면 그보다 높은 8점대부터 점수를 받죠.

    중요한 점은 시트릭산이라고 해서 무조건 낮고 말릭산이라고 해서 항상 높은 점수를 받는 건 아니라는 겁니다. 오렌지도 아주 달고 기분 좋은 게 있고 사과도 그다지 달지 않은 게 있듯 개별적인 차이가 있으니까요. 일반적인 과일의 선호도에 따라 기본적으로 책정되는 점수대가 있다고 알아 두시면 좋습니다. 그럼 어떤 신맛이 9점 이상을 받을까요? 정답은 콤플렉스 애시디티Complex Acidity, 다시 말해 기분 좋은 신맛들이 복합적으로 올라올 때 10점에 가까운 점수를 받습니다.

바디

바디에 대한 점수를 주는 것은 프로페셔널 커퍼에게도 쉽지 않습니다. 바디는 곧 질감이자 마우스필이라고 설명했었습니다. 슬러핑 후 입안에서 느껴지는 감촉이 거칠다면 낮은 점수를 받게 돼요. 문제는 그것이 커피가 기본적으로 가지고 있는 쓴맛인지 거친 맛인지 구분하기 어려운 경우가 있다는 점입니다.

    이럴 땐 커피를 뱉고 나서 침이 얼마나 빠르게 마르는지를 판단 기준으로 삼습니다. 아스트린젠트처럼 떫은 느낌과 커피 본연의 쓴맛을 구분하는 것이죠. 사실 이 또한 쉬운 작업은 아닙니다. 아시다시피 커피는 과육이 아닌, 과일의 씨앗을 볶아서 만들기 때문에 떫은맛과 쓴맛을 동시에 가질 수 밖에 없기 때문입니다.

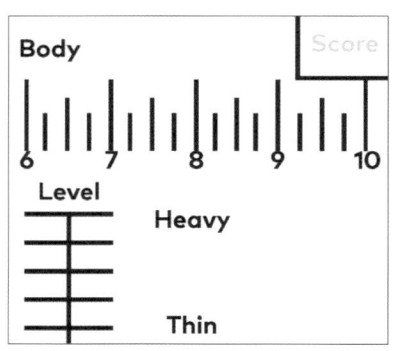

    그럼에도 불구하고 평균적인

커피에 비해 강하게 떫은 느낌이 난다면 바디에서는 6~7점 수준의 낮은 점수를 받고, 평균 이상이라면 7~8점, 바디를 기록할 때 남기는 프로파일인 쥬시나 크리미처럼 과일 음료나 스무디의 질감이 감지된다면 8~9점을 책정할 수 있습니다.

더불어 바디는 콤플렉스한 경우가 없는 편입니다. 예컨대 쥬시하면서 동시에 크리미하긴 힘들죠. 그래서 콤플렉스 바디Complex body 같은 프로파일은 별도로 쓰는 경우가 거의 없지만, 첫 느낌은 쥬시했으나 후반부로 갈수록 벨베티한 느낌으로 변한다면 두 가지 모두 기록하기도 합니다. 실크 같은Silky 혹은 벨베티한 질감이 평균적으로 가장 높은 점수를 받고, 떫은 느낌이나 쓴맛이 거의 느껴지지 않으면서 클린한 바디라면 10점을 부여할 수 있습니다.

밸런스

바디와 더불어 밸런스 점수도 일종의 난제에 가깝습니다. 다른 항목에 비해 주관적인 요소가 강하기 때문이죠. SCA 커핑 가이드는 밸런스 항목을 다음과 같이 정의하고 있습니다. '각각의 요소가 조화를 이루며 어느 하나가 다른 요소의 가치를 방해하지 않을 때 좋은 점수를 받게 된다.'

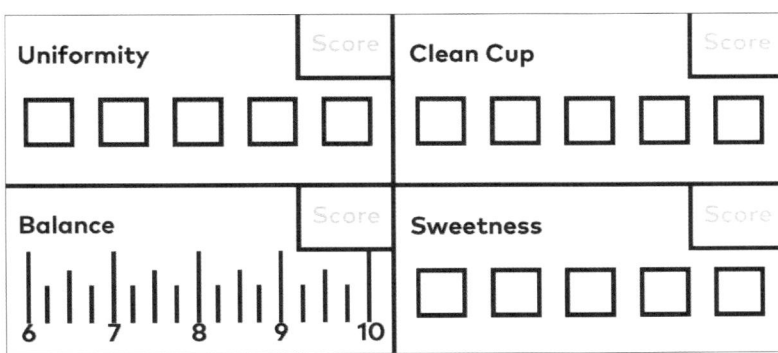

따라서 산미가 아무리 좋아도 그 산미가 좋은 바디감을 느낄 수 없게 하거나 오히려 해친다면 밸런스가 깨진 커피라고 할 수 있습니다. 통상적으로는 산미의 좋고 나쁨보다 강도가 세면 밸런스가 무너지는 경향이 강합니다. 다른 요소는 밸런스를 해칠 여지가 적은데 비해 산미는 양날의 검이 되는 때가 많죠. 좋은 산미이지만 강도가 너무 강해서 밸런스를 흐트러뜨리는 경우를 종종 목격할 수 있습니다.

정리하자면 어느 한 가지 요소가 다른 요소를 무너뜨린다면 6~7점을 줄 수 있습니다. 반면 그렇지 않으면서 플레이버와 애프터테이스트, 신맛, 바디가 뚜렷하게 느껴진다면 평균 8점에서 출발하게 되고, 각 요소들 사이에 시너지가 일어나 긍정적인 작용을 한다면 9~10점까지 부여받습니다.

유니포머티, 스윗니스 그리고 클린컵

앞서 커핑 폼을 살펴보면서 이미 다룬 요소들이지만 조금 더 세부적으로 정리해보겠습니다. 이 세 가지 항목은 모두 감점에 의한 배점 항목입니다. 다섯 개의 컵에 결점 요인이 전혀 없으면 10점 만점, 하나씩 발견될 때마다 2점씩 감점해서 최종 점수를 줍니다.

실무적으로 스페셜티 커피가 이 부분에서 감점을 받는 경우는 드뭅니다. 그러다 보니 실제로는 이 부분에 대한 평가가 굳이 필요치 않은 경우가 많습니다. 말씀드린 바와 같이 SCA 센서리 코스 혹은 큐 그레이더$^{Q\text{-}Grader}$ [3] 등의 시험을 위해 테스트하거나 산지에서 처음 보는 농장, 새로운 랏^{Lot} [4] 에 대한 균일성을 파악할 때 초점을 맞추는 요소입니다.

따라서 정상적인 커피라면 다섯 컵이 모두 균일하고 달며 커피 본연의 맛이 나서 클린컵까지 모두 만점을 받게 됩니다만, 컵마다 다른 맛이 나서 유니포머티(균일성) 영역에

---

[3] 커피품질연구소로부터 아라비카의 품질 평가와 등급 감정에 대한 전문 자격을 부여받은 사람입니다. 약 일주일간 진행되는 스무 과목 이상의 시험을 통과해야 큐그레이더가 될 수 있습니다.
[4] 고품질 커피를 생산하기 위해 특별히 관리하는 농장의 구획 단위.

서 감점을 하는 경우도 간혹 목격하게 됩니다.

하지만 이 부분에는 보다 신중한 판단이 필요합니다. 어차피 모든 컵은 다른 맛이 나는 것이 정상이기 때문이죠. 다른 나무에서 수확한 커피 체리로 추출했을 수도 있고, 같은 나무라 해도 각각의 열매는 무조건 다르기에 약간의 편차가 존재할 수밖에 없으니까요. 그래서 이러한 편차의 수용 범위를 어디까지 두느냐에 따라 논쟁의 여지가 생깁니다. 내 입이 민감하면 민감할수록 유니포머티는 깨질 수밖에 없습니다.

유니포머티를 판단할 땐 수용 가능한 수준의 오차인지 판단할 필요가 있습니다. 클린컵에서도 '클린하지 않다'며 쉽게 감점하는 경우도 있지만, 이 역시 클린의 기준은 '커피'에서 느낄 수 있는 수준의 깨끗함이라는 것을 잊지 않아야 합니다. 물론 커피에서 나무나 돌 등이 발견되어 맛을 해쳤다면 감점을 해야겠지만요.

오버롤

위에서 명시한 기준대로 점수를 줘야 하는 다른 항목들과 달리, 오버롤은 자유롭게 점수를 줄 수 있는 유일한 부분입니다. 하지만 기뻐하기에는 이릅니다. 이 역시 여러분이 지금까지 책정한 스코어에서 벗어나면 안 된다는 기준이 있거든요.

일례로 향에 7점, 플레이버/애프터테이스트/산미에 8점, 바디와 밸런스에 7.5점을 줬다고 치면, 오버롤 점수는 최저점인 7점과 최고점인 8점 사이로 책정돼야 하는 게 실무의 기본입니다. 왜냐하면 오버롤이라는 항목은 커핑 폼이 미처 다루지 못하는 부분이 생기거나 특별한 상황이 발생할 때 평가값을 보정하기 위해 존재하기 때문입

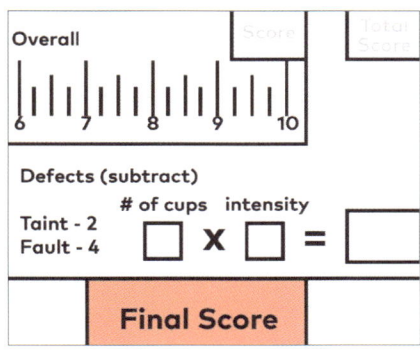

니다. 말 그대로 특별한 상황이 발생하지 않는다면 기존 항목들에서 평가가 끝나야 하는 것이죠.

그러나 개인적으로 좋아하는 스타일이거나 어떤 이유에서건 점수를 더 주고 싶은 커피였다면 내가 다른 평가 항목에서 부여했던 7점과 8점 사이에서 최고점인 8점을 줄 수 있다는 점에서 자율성이 높습니다. 아시죠? 1점 차이는 스페셜티 커피와 커머셜 커피를 나누는 기준이 될 수 있을 만큼 큰 차이라는 것을요. 그러니 오버롤 점수를 줄 때도 신중을 기하는 것이 좋습니다.

물론 예외적으로 최저점~최고점 구간을 벗어나는 것도 가능합니다. 수년 전, 커피 심사 중 무산소 발효 커피가 최초로 올라왔을 때가 그 예입니다. 시나몬 향이 강하게 올라와서 심사관들 사이에서 논쟁거리가 된 커피였어요. 새로운 커피 스타일을 좋게 받아들여야 할 것인가 혹은 나쁘게 평가해야 할 것인가 하고 말이죠. 이때 긍정적이었던 심사관들은 오버롤 점수가 매우 높았고 반대측은 매우 낮아서 다른 영역 점수에 비해 편차가 아주 크게 나타났습니다.

디펙트 및 총점

디펙트가 있는지 확인해서 감점하고 총점을 계산하는 것이 스코어링의 마지막 단계입니다. 디펙트 체크는 유니포머티 체크처럼 다소 의미가 사라진 항목입니다. 디펙트가 발견될 정도면 커핑의 의미가 없는 커머셜 커피일 가능성이 크기 때문입니다. 따라서 산지 등에서 평가할 때나 위에서 언급한 자격증 등의 시험을 위해 쓰이는 경우 외에 일반적인 커핑에서 디펙트로 감점을 주는 경우는 흔하지 않습니다. 어쨌거나 경우에 따라 2점(Taint/향 등에 영향을 미치는 약한 결점) × 컵 수 혹은 4점(Fault/맛에서도 강하게 느껴지는 높은 수준의 결점) × 컵 수를 한 값을 감점할 수 있습니다. 여기까지 모두 끝냈다면 총 열 개의 스코어를 모두 더하고 디펙트가 있다면 감점하여 100점 만점 안의 점수가 산출됩니다.

최종 점수를 작성하기 전에 한 번 더 슬러핑하면서 평가 결과를 더블체크하는 것도 매우 중요합니다. 점수를 내린 뒤 서명을 하면, 특히 국제 심사의 경우엔 더이상 평가를 정정할 수 없기 때문이죠. 그렇게 되면 농부의 피땀이 담긴 좋은 커피가 기대보다 낮은 점수의 커피가 되기도 하고, 반대로 훌륭하지 못한 커머셜 커피가 스페셜티 커피로 둔갑해서 구매자에게 피해를 줄 수도 있습니다. 커핑 시간이 종료되어 최종 점수를 주기 전까지 충분히 체크하여 확신을 가진 뒤에 스코어링하는 것이 가장 중요합니다.

COE 스코어링

COE가 뭐지?

COE는 'Cup of Excellence(컵 오브엑셀런스)'의 약자로 SCA와 다른 폼을 사용합니다. COE의 커핑과 커핑 폼을 이해하기 위해서는 먼저 COE에 대해 살펴볼 필요가 있습니다.

COE는 1999년 미국 포틀랜드에서 탄생한 비영리 기구, ACE[Alliance of Coffee Excellence]에서 만든 커피 경매[Coffee Auction] 프로그램입니다. 이들은 농부들이 생두를 판매할 때 그들의 노력에 상응하는 값을 받지 못하고, 이는 커피 유통 시스템 자체의 문제라고 생각했습니다. 아무리 농부들이 열심히 노력해서 좋은 커피를 생산해도 중간 유통 과정에서 여러 문제로 인해 공정한 품질 평가가 이뤄지지 않는 데다 유통업자만 이익을 누린다는 것이죠. 이로써 소비자는 유통 과정에서 실제 가치보다 더 비싼 가격을 지불하고, 스페셜티 커피를 생산하는 농부들은 하나 둘 의욕을 잃고 사라지게 됐습니다. COE는 이 문제를 해결하기 위해 탄생했습니다.

COE의 초대 회장인 수지 스핀들러[Susie Spindler]는 2000년 브라질에서 첫 COE 대회와 경매를 개최하며 스페셜티 커피 업계에 한 획을 긋습니다. 물론 그때까지만 해도 대

098

회나 경매에 대한 인식이 부족해서 1위 낙찰가인 파운드당 2달러를 '미쳤다'라고 표현했고, 그 커피를 구입한 바이어들은 커피를 하나도 팔지 못할 만큼 어려움을 겪었다고 해요. 오늘날 1위 경매가가 파운드당 100달러를 넘는 것을 보면서 그때 그 시절을 떠올릴 사람이 많을 듯합니다.

COE 커핑 폼의 설계

이러한 특별한 커피의 평가와 심사를 위해서는 새로운 폼이 필요했습니다. 우리가 지금까지 공부한 SCA 커핑 폼의 역할은 스페셜티 커피와 커머셜 커피를 구분하기 위한 것이

COE 커핑 폼

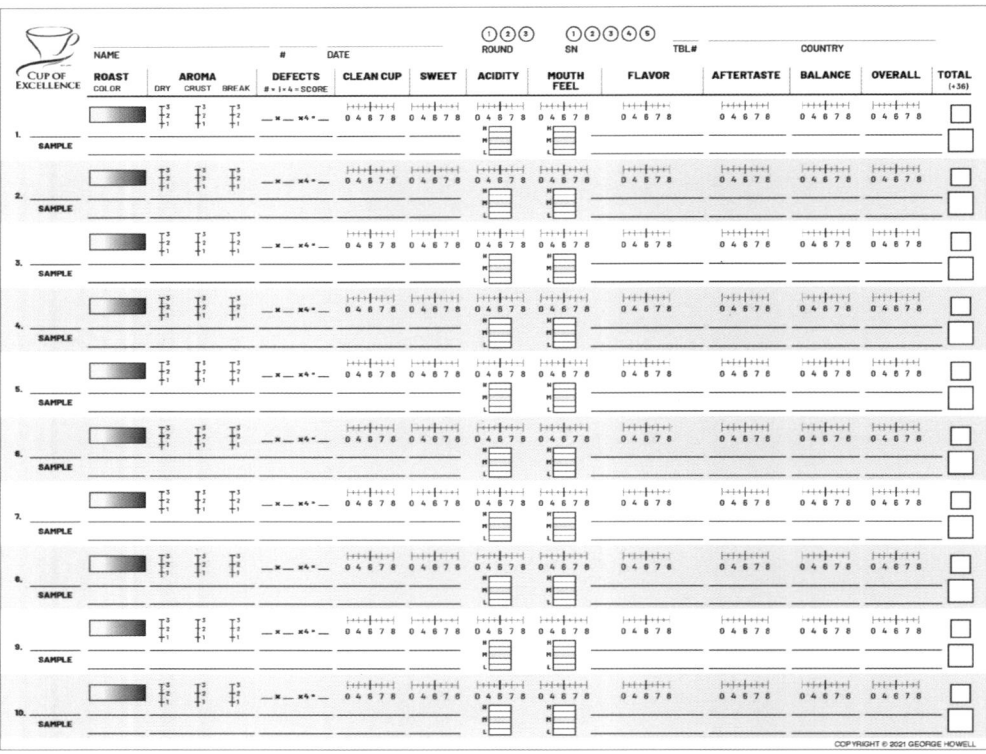

지만, COE에선 스페셜티 커피들 중 더 훌륭한 것을 찾기 위한 커핑을 진행했기 때문에 SCA 커핑 폼은 어울리지 않았죠. 그래서 COE는 왼쪽 페이지의 커핑 폼을 별도로 사용하게 됩니다.

향 점수를 주지 않는다.

대체로 COE 커핑 폼은 SCA 커핑 폼과 유사하지만 향에 대한 점수를 주지 않는다는 것이 다릅니다. SCA 커핑에서는 프래그런스와 아로마에 대한 향 점수를 주는 것이 첫 번째 작업이었죠. COE 커핑 폼에는 아로마 항목이 존재하고, 이를 사용할 땐 분쇄 향과 물을 부은 후의 향 그리고 브레이킹 향을 체크하지만, 실제로 점수를 부여하지는 않습니다. 오로지 강도만 체크하면서 어떤 향이 나왔는지 기록할 뿐입니다.

여러 가지 이유가 있지만 커피를 향만 즐기는 제품이 아니라 입으로 마시는 음료로 인식한다는 점이 가장 큰 이유입니다. 아무리 좋은 분쇄 향도 커피의 가치에는 전혀 영향을 끼치지 않기 때문이에요. 커피는 추출해서 마실 때 의미를 갖는데, 마실 때 올라오는 향은 분쇄 향과는 관계가 없을 수 있고, 설령 100% 연관성을 띤다고 해도 이는 플레이버 등을 평가할 때 같이 적용됩니다.

또 다른 이유로는 어차피 COE에서 다루는 커피는 최상위권의 스페셜티 커피이고 이들 사이에서 마시지 않고 맡아보는 향은 변별력이 떨어지기 때문에 굳이 그런 행동을 할 필요가 없다는 것도 있습니다. 또한 향은 맛에 비해 주변의 온습도, 분쇄한 순서 등 작은 차이에 따라 결과 차이가 크게 나기 때문이기도 합니다. 저도 이러한 COE의 의견에 동의하는 편입니다. 오히려 향을 기준으로 스코어링할 시 여러 오류가 발생하기도 해서 향은 그저 참고 사항 정도로만 보려고 합니다.

스윗니스와 클린컵에 점수를 준다.

SCA 커핑 폼과 달리 COE 커핑 폼에서는 점수를 주는 항목도 있습니다. 엄밀히 말하면 SCA 커핑 폼에서 점수를 아예 주지 않는 것이 아니라 세부적으로 주지 않는다고 할 수 있겠네요.

SCA 커핑 폼에서 유니포머티와 스윗니스, 클린컵 점수는 체크박스로 되어 있어서 컵당 2점씩 감점해 나가는 방식이었던 것을 기억하시나요? COE에서는 이 중 스윗니스와 클린컵에 각각 점수를 주도록 되어 있습니다. SCA 커핑 폼에서 그러하듯 단맛과 클린컵이 있느냐를 단순히 따지는 것이 아니라, 얼마나 확실하게 있는지를 정량적으로 분석하기 위함입니다. 최상위권 커피들이 단맛과 클린컵을 갖춘 것은 당연하고, 그것이 얼마나 좋은지를 점수로 가려보자는 이야기예요. 그래야 진정한 스페셜티 중의 스페셜티를 가려낼 수 있을 테니까요.

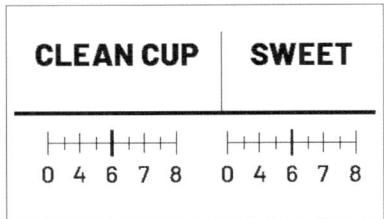

점수 기준이 다르다

SCA 커핑 폼은 6점부터 10점까지 점수를 줄 수 있었지만 COE 커핑 폼은 점수 폭이 0점부터 8점까지로 형성돼 있습니다. 6점 이하일 때는 1점 단위, 6점에서 7점은 0.5점 단위, 7점 이상은 0.25점 단위로 스코어링합니다. 8점이 최고점이라 만점을 받아도 64점밖에 되지 않는데, 그래서 커핑이 끝난 후 총점에 보정값 36점을 더해 최종 점수를 산정하죠.

이를 두고 10점 만점 대신 8점 만점으로 스코어링하는 것이 논리적인 오류를 줄여서 더 정확하게 평가할 수 있는 방법이라는 이야기를 하곤 합니다.

그렇게 합산한 최종 점수가 87점 이상이면 'COE Winner'가 되어 상을 받고 커피 경매에 출품할 자격을 부여받습니다. 90점 이상은 'Presidential Coffee'라고 해서 보다 특별한 대접을 받습니다. 또한 87점이 되지 않은 커피 중에서도 85점 이상을 받은 커피는 'National Winner'로서 간이 경매에 출품할 수 있습니다. 이렇듯 SCA 커핑 폼에서 스페셜티로 구분하는 80점 이상의 커피보다 특별한 커피를 찾아내기 위한 것이 COE 커핑 폼입니다. 이곳에서 좋은 점수를 받고 경매에 진출하면 전 세계 커피 바이어들에게 평균가보다 높은 가격으로 거래되곤 합니다.

브루어스컵 스코어링

커피의 센서리 스코어링은 일반적인 커핑을 통해서만 이뤄지지는 않습니다. 대회 스코어링 방식을 거쳐 진행되기도 해요.

먼저 '브루어스컵'에 대해 알아봅시다. SCA에서 주최하는 여러 국가대표 선발전 중 국내에서 인기가 많은 대회 중 하나가 브루어스컵입니다. 10분간 세 잔의 커피를 브루잉해서 심사위원에게 제공하는 대회로, 헤드저지를 포함한 네 명의 심사관은 선수가 내린 커피를 스푼으로 슬러핑하거나 마셔보며 스코어링합니다.

이때 일반적인 커핑처럼 4분을 기다리는 등의 절차 없이 선수가 내려준 커피를 즉시 스코어링해야 합니다. 따라서 어떤 커피는 더 뜨거울 수도 있고, 또 어떤 커피는 기름기가 있거나 훨씬 진할 수도 있습니다. 어떤 방식으로 제공될지 모르는 상황에서 커피를

브루어스컵 평가표

*출처: SCA 한국챕터

체크해야 하는 거죠. 그러다 보니 SCA 커핑 폼을 그대로 활용할 수는 없고 공통적인 부분 몇 가지만 따 온 양식으로 스코어링합니다.

또한 본 대회에선 선수가 프리젠테이션을 통해 커피 맛에 대해 소개하기 때문에 심사관이 기대의 오류에 빠져 버릴 수 있습니다. 따라서 이 오류에 빠지지 않는 것이 심사위원으로서 중요한 능력이 되면서 선수 입장에서도 대회에서 가장 중요한 부분이 됩니다. 선수는 커피를 브루잉하면서 이 커피에서 나올 맛을 심사위원에게 직접 이야기해야 하는데 실제로 그 맛이 나오지 않으면 점수를 받을 수 없으니까요.

스코어링 표에서 볼 수 있듯 맛에 대한 일치성은 점수의 두 배 배점을 받게 됩니다. 선수는 선수대로 본인의 커피 맛을 정확하게 분석해서 소개하고 심사위원은 선수의 말에 현혹되지 않으면서 그 맛이 존재하는지를 판단해야 하는 스코어링입니다. 선수나 심사위원이나 센서리 능력이 매우 중요하겠네요.

에스프레소 스코어링

SCA는 브루어스컵 외에도 에스프레소 머신을 이용한 바리스타 대회를 주최하고 있습니다. 세계 챔피언을 가려내는 '월드바리스타챔피언십'이 그것으로, 전주연 바리스타가 한국 최초로 정상에 올라 화제가 됐죠. 이 대회의 스코어링도 커핑 스코어링이 아니라 선수가 추출한 커피를 기반으로 합니다. 선수는 에스프레소뿐 아니라 우유를 첨가한 음료, 창작 음료까지 세 잔의 커피를 출품해야 하고, 네 명의 심사위원들이 이를 각각 스코어링합니다. 월드바리스타챔피언십 역시 선수가 의도한 맛이 실제로 나오는가의 여부가 중요하며 심사위원 입장에서는 일반 커핑 때의 커피에 비해 매우 강렬한 맛의 커피를 맛보게 되므로 세부적인 평가가 쉽지 않습니다.

한편 이탈리아에서는 자체적인 에스프레소 커핑 폼을 이용하기도 합니다. 그들이 생각하는 에스프레소의 가치를 담은 스코어링 폼이에요. 특히 에스프레소의 향을 중요시하는 것이 특색 있네요.

에스프레소에 대한 평가는 표현의 정확성에 상당히 큰 점수를 부여하고 있습니다. 맛있는 에스프레소의 조건인 단맛과 신맛 그리고 쓴맛의 조화로움을 갖춘 커피를 제공하는 것도 중요하지만, 맛을 제대로 설명하여 음료를 마시는 사람에게 정확한 센서리 경

〈 에스프레소 평가 예시 〉

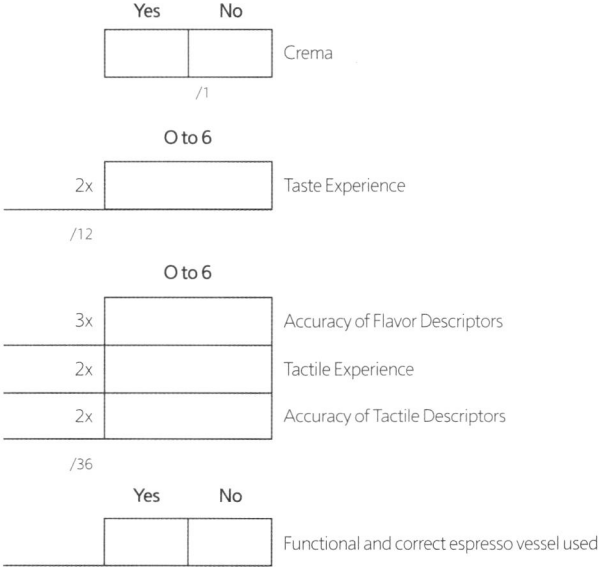

Espresso Evaluation

험을 선사하는 것이 더 중요하다는 뜻이죠.

 선수들은 맛을 설명하지 않으면 0점을 받고, 설명을 했더라도 실제 음료와 일치하지 않는다면 낮은 점수를 받을 수밖에 없습니다. 선수들도 심사위원 못지않은 센서리 역량이 필요한 이유입니다. 스코어링 대상엔 맛뿐 아니라 마우스필과 애프터테이스트의 묘사도 해당됩니다.

레퍼런스와
칼리브레이션

커피 심사에 관해 이야기가 나왔으니 이 분야에 더 깊게 들어가 보겠습니다. 여러분, 혹시 대회에서 심사관들은 센서리 기계도 아닌데 어떻게 점수를 정확하게 산출해내는 건지 궁금하지 않으셨나요? 그리고 한 번쯤은 대회에서 실제로 심사를 해보고 싶다고 생각하지 않으셨나요? 그랬다면 이 두 단어만 잘 기억하시면 됩니다. 바로 '레퍼런스Reference'와 '칼리브레이션' 입니다.

먼저 레퍼런스란 무엇일까요? 무언가를 평가할 때 점수 책정에 대한 명확한 기준이 있어야 하는데, 이 기준을 레퍼런스라고 합니다. 예를 들어 '정말 맛있는 커피'는 100점을 주고 '맛있는 커피'는 90점을 주자고 했을 때, 그 맛있는 커피의 기준이 되는 게 레퍼런스예요. 또, SCA에서 스페셜티 커피를 나누는 기준 중 하나가 80점 이상을 받은 커피라고 했는데, 그렇다면 80점짜리 커피는 어떤 커피인지, 앞서 누누이 이야기한 8.25점을 받는 애프터테이스트는 어떤 것이고, 7.5점짜리 바디감은 어떤 것인지에 대한 문제들을 한 번에 해결해주는 것이 바로 레퍼런스입니다. 정리하자면, 레퍼런스란 스코어링이나 대회에 앞서서 뭔가 기준을 세우는 일이라고 할 수 있죠.

물론 과일 느낌이 잘 나면 8점 이상이고, 땅콩 같은 맛이 나면 6점대로 갈 것이라는 등의 언급을 했지만 그것만으로는 명쾌하게 궁금증이 해결되지 않았을 겁니다. 과일도 과일 나름이고 같은 과일이더라도 각각의 편차가 크니까요. 게다가 그러한 과일 느낌이 긍정적으로 다가올지 부정적으로 느껴질지는 사람마다 모두 다르겠죠? 이러한 맹점을 해결해 주는 것이 '레퍼런스 컵Reference Cup'입니다.

그럼 이제 커피에서 레퍼런스를 잡고 그에 해당하는 레퍼런스 컵을 설정하는 방법에 대해 이야기해 보겠습니다. 일단 대회가 열리면 반드시 대회 전에 레퍼런스 컵을 선정해야 합니다. 그래야 기준점을 서로 공유할 수 있으니까요. 예컨대 작년에 중간 정도의 점수를 받았던 커피를 놓고 심사위원들이 토론하면서 올해의 기준을 세우는 거죠.

또한 COE 심사에서는 그해 대회에 제출한 커피 중 1라운드에서 아쉽게 탈락해 보더라인Border line[5]에 걸린 커피들을 모아 레퍼런스 컵으로 활용하기도 합니다. 지금 앞에 놓여 있는 커피들을 기준으로 이것보다 조금이라도 좋으면 COE급 커피로 선정하자는 의견 통일을 쉽게 이룰 수 있어요. 때로는 특정 산미가 잘 나오는 커피들만 모아 놓고 산미에 대한 레퍼런스를 잡기도 합니다. '이 정도 강도에 이 정도 과일 톤의 산미가 나오면 8점을 주자'는 등의 기준을 세워서 서로가 공감할 수 있게 만드는 작업입니다.

결국 레퍼런스란 기준이 되는 커피를 선정하는 일이므로 가장 중요한 것은 얼마나 적합한 레퍼런스 컵을 찾느냐입니다. 무조건 좋은 커피를 가져다 놓는다고 만사형통은 아니겠죠? 예를 들어 80점이 되는 스페셜티 커피의 기준을 잡을 때 최고급 게이샤를 가져다 두고 '이 정도는 되어야 스페셜티 커피지'라고 한다거나, 반대로 디펙트가 많이 느껴지는 커피를 놓고 '이만하면 브루어스컵 파이널리스트에서 볼 수 있는 레퍼런스 컵이야'라고 한다면 문제가 될 테니까요.

매년 수능철이 지나고 나면 일명 물수능 혹은 불수능이 사회적인 문제가 되듯, 커핑이나 커피 심사에서도 기준이나 난이도 설정의 레퍼런스를 잘못 잡으면 곤욕을 치르게 됩니다. 좋은 커피와 나쁜 커피의 점수 차가 0.1점씩밖에 나지 않을 수도 있고, 반대로 대부분의 커피가 90점 이상의 높은 점수를 받는 경우도 발생할 수 있습니다.

레퍼런스 컵을 제대로 선정했다면 이제는 모두가 모여서 그 커피를 맛보며 서로의 입맛을 맞춰볼 차례입니다. 이를 칼리브레이션이라고 합니다.

'조율'이라는 의미를 가진 칼리브레이션이야말로 커피 센서리에서 가장 중요한 파트라고 단언합니다. 칼리브레이션을 할 땐 개인적인 입맛을 배제한 채 서로를 이해하고

---

[5] 단어의 본뜻 그대로 경계선 영역입니다. 커피 심사에선 탈락과 합격 사이를 갈라놓은 점수를 의미하는데, 정해진 보더라인 밑으로 0.1점이라도 부족하면 탈락 처리됩니다.

공감하는 능력이 꼭 필요해요. '내 입장에서는 이 커피가 별로 좋지 않지만 우리가 잡은 레퍼런스 컵에 의하면 이 커피는 높은 점수를 줘야한다'와 같은 열린 자세가 필요하죠. 커피가 제 아무리 기호식품이라고 해도 더 많은 사람이 좋아하는 '기호'는 분명히 있으니까요. 그것에 맞춰서 내 마음속의 점수가 아닌 모두가 공감할 수 있는 점수를 찾아가는 작업, 그것이 칼리브레이션입니다.

하지만 아무리 레퍼런스를 잘 잡고 그것에 맞춰 칼리브레이션을 잘했다고 하더라도 사람이 하는 일인지라 각자의 주관적인 영역이 관여할 수밖에 없습니다.

그래서 커핑이 끝난 뒤 디브리핑이나 디스커션Discussion(토론)을 하다보면 일반적인 커퍼들 사이의 범위를 크게 벗어나는 스코어링이 나타나기도 합니다. 이는 우리가 단순한 기계가 아닌 다양한 입맛을 수용하는 인간이기 때문에 너무나 자연스러운 현상이지만, 보다 객관적이고 공정한 스코어링을 위해서는 우리가 합의한 범위에서 크게 벗어나는 사람들을 스크리닝Screening[6] 합니다. 대회 이전에 심사위원 선정 시 스크리닝을 통해 도저히 입맛을 함께 맞추기 어려운 사람을 걸러내거나 몸의 컨디션이 좋지 않아서 제대로 감별하기 어려운 사람을 배제하는 것이죠.

물론 1차적인 스크리닝 이후에도 실제 스코어링에서 최고점 혹은 최저점을 준 커퍼의 점수는 총점에 반영하지 않는 등, 조금 더 객관적이고 고른 분포를 만들기 위한 장치들을 마련해 두기도 합니다. 그러한 작업이 잘 진행되면 스코어링이 끝난 후의 점수 분포 그래프가 다음과 같은 형태를 보입니다.

---

[6] 사전적으로는 무언가를 면밀하게 조사하고 분석한다는 의미지만, 커피 센서리에서는 참여자의 미각과 후각을 체크하여 문제가 없는지 본다는 뜻으로 사용됩니다. 예컨대 감기에 걸리거나 컨디션이 좋지 않다면 스크리닝을 통해 제외되어 그날 커핑에 참여할 수 없습니다.

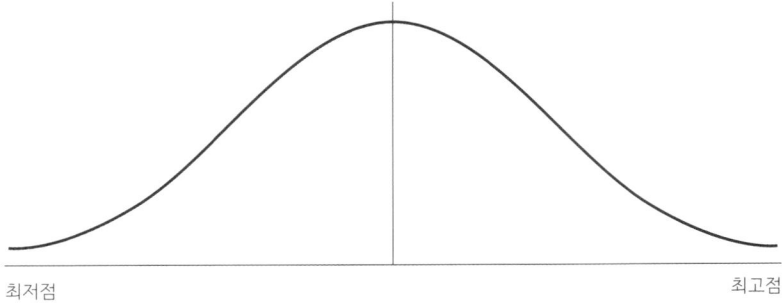

최저점   최고점

COE는 최고점과 최저점을 준 커퍼의 점수는 제외하고 나머지 점수의 평균을 계산하여 최종점수를 산출합니다. 대회에 처음 초청받은 심사관의 점수는 공정성과 안정성을 위해 합산하지 않아요.

이처럼 이상적인 분포를 보이면 좋지만 가끔 반대로 드러날 때도 있습니다. 최고점과 최저점에 점수가 몰려 있고 가운데가 빈 형태의 그래프죠.

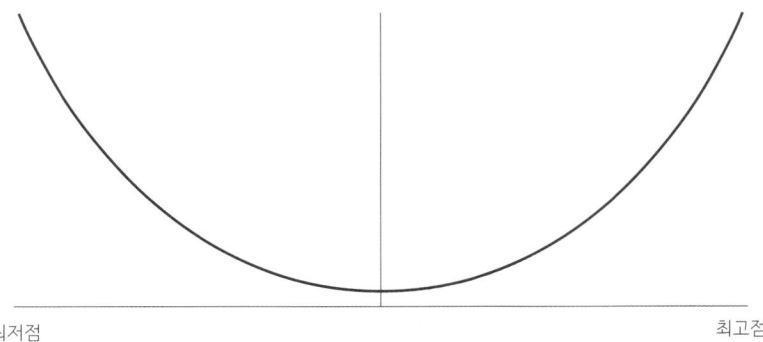

최저점   최고점

수년 전 코스타리카 COE에서 무산소 발효 커피가 등장했을 때가 그 예로, 중간 점수를 준 커퍼가 거의 없고 낮은 점수와 높은 점수에만 대거 몰려 있었습니다. 하나의 커피를 누군가는 인생커피, 또 누군가는 아주 이상한 커피라고 판단한 것인데, 이러한 경우

는 보통 새로 등장한 커피에서 많이 나타납니다. 적합한 레퍼런스 컵이 전혀 없었던 탓에 점수 책정의 기준을 세우지 못한 거죠.

그래도 괜찮습니다. 처음에는 일정치 않은 점수가 나오고 커퍼들 사이의 편차도 클 수 있지만, 시간이 지나면 이러한 커피도 자연스럽게 레퍼런스가 형성되고 칼리브레이션이 되어갈 테니까요. 이처럼 레퍼런스와 칼리브레이션은 스코어링을 원활히 진행할 수 있게 해 주고, 많은 커퍼가 모이더라도 서로가 공감하고 이해할 수 있는 프로파일을 만들 수 있게 해 줍니다.

다음으로 2022년 멕시코 COE에서 진행한 칼리브레이션 내용을 보면서 설명을 이어 나가겠습니다.

〈 2022 멕시코 COE 칼리브레이션 〉

```
Universal Quality Concept
(Basics)                    Flavor
          Sweet
                            After
                            Taste

   5    →      6    →    7    →   8
Soft, clean cup         Complexity

   Soft                Strictly Soft
```

*출처: Silvio Leite, 2022 Mexico COE Head Judge

우선 기본적인 COE 스코어링 틀은 위와 같습니다. SCA 커핑 폼과 달리 COE 커핑 폼에서는 스윗니스와 클린컵에 점수를 별도로 책정한다는 것을 기억하실 겁니다. 즉, 과일과 마찬가지로 깨끗하고 달콤한 커피야말로 진짜 좋은 커피라는 COE의 기준으로 보면, 부드럽고 깨끗하면 5점, 달콤한 맛이 존재하면 표준 점수인 6점이 됩니다. 여기에 복합성Complexity까지 갖추었다면 7점에서 만점인 8점까지 받을 수 있겠습니다. 부드러운 느낌을 갖고 있다면 더 좋겠죠.

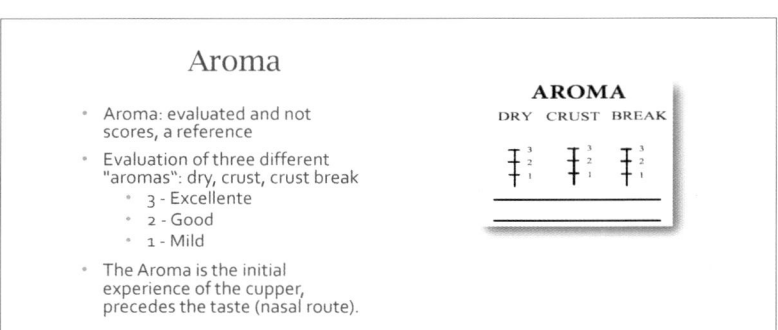

아로마는 점수를 책정하지는 않지만 향이 아주 좋다면 3, 괜찮은 편이면 2, 일반적인 향이라면 1에 체크해 평가하도록 되어 있습니다.

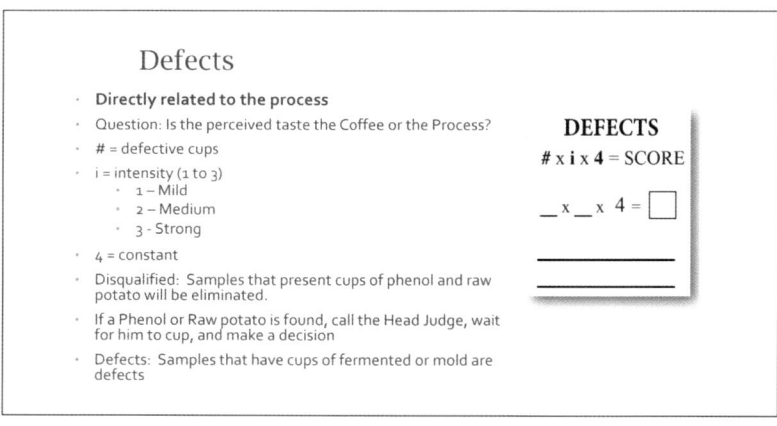

디펙트 영역도 향 체크와 유사하지만 감점 영역에 해당합니다. 디펙트가 강렬하다면 3, 충분히 인지할 만하다면 2, 살짝 느껴지는 정도라면 1에 체크합니다. 그 값에 디펙트가 발견된 컵 수와 상수값인 4를 곱하면 최종 감점이 계산됩니다.

다만 여기서 디펙트란 과발효나 약간의 곰팡이를 말하며, 만약 '페놀$^{Phenolic\ defect}$'이나 '포테이토 디펙트$^{Potato\ defect}$'가 발견된다면 즉시 헤드저지의 판단에 따라 탈락 여부를 결정합니다.

페놀은 브라질 커피에서 자주 발견되어 한때 '리우 디펙트$^{Rio\ defect}$'라고 불리기도 했습니다. 프로세싱 중에 제대로 클리닝이 되지 않거나 그 밖의 청결 요소에 문제가 있을 때 생기는 디펙트로, 커피에서 페놀 향이 난다고 해서 이렇게 부릅니다. 매우 심각한 결점으로 커피의 가치가 크게 훼손되므로 한 컵에서만 발견되어도 바로 탈락의 사유가 되곤 합니다.

포테이토 디펙트는 이름만 보면 얼핏 감자처럼 좋은 느낌이라고 생각할 수 있지만, 실제로는 매우 심각한 문제입니다. 대부분 아프리카 커피, 그중에서도 르완다나 브룬디 등에서 발견됩니다. 생감자의 느낌을 냅니다만, 한국사람에게는 홍삼 향에 훨씬 가까운 느낌입니다. 포테이토 디펙트는 커피를 분쇄할 때부터 감지할 수 있는데, 모든 컵에서 나타나기보다 어쩌다 한 번씩 발견된다는 게 문제입니다. 1kg의 원두를 커핑해도 일부 컵에서만 보이기도 해서 끝까지 안심할 수 없게 만들죠.

포테이토 디펙트는 피라진^{Pyrazine}이라는 일종의 화학물질 때문에 발생한다고 알려져 있습니다. 일반적으로 피라진은 벌레가 체리를 파먹고 들어갈 때 박테리아의 작용으로 생성되고 부정적인 향을 강하게 유발합니다. 원두의 상태를 봐선 판별할 수 없어서 가공 시 벌레 먹거나 이상한 색을 보이는 것을 확실하게 골라내는 것만이 1차적인 예방책입니다. 아직 완벽하게 제거할 수 있는 방법이 없거든요. 어쨌거나 포테이토 디펙트가 감지되면 곧바로 탈락 처리가 되겠습니다.

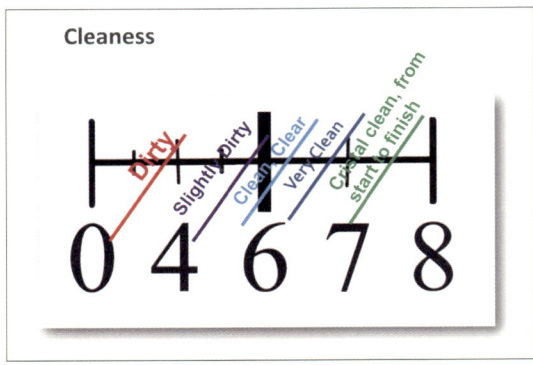

다음은 클린컵 점수에 대한 칼리브레이션입니다. 기본적인 수준의 깨끗한 맛을 내면 6점을 부여하고, 크리스탈 클린처럼 완벽하다면 8점까지 줄 수 있습니다. 조금이라도 부정적인 느낌이 있다면 5점 미만으로 떨어지고요.

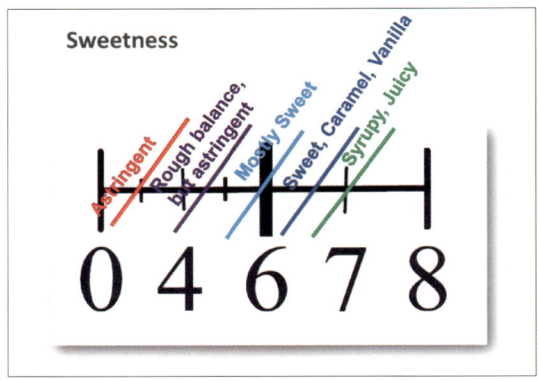

단맛에 대한 칼리브레이션 기준입니다. 떫은맛이 나면 단맛이 그만큼 부족하다는 뜻이므로 점수가 매우 낮아집니다. 시럽이나 주스 같은 단맛이 있다면 최고점에 가까워지죠.

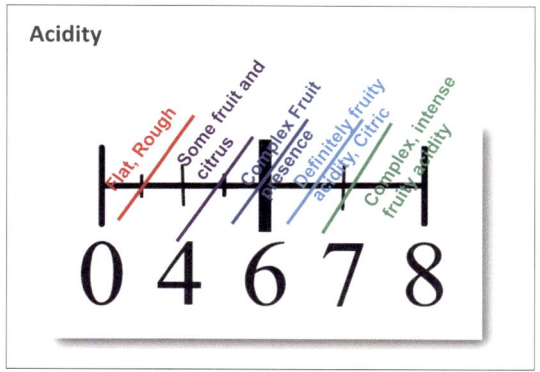

신맛은 거칠거나 혹은 밋밋할 때 가장 낮은 점수를 받습니다. 하지만 과일 톤의 신맛이 잘 표현될 때, 그중에서도 복합적으로 여러 가지 산미가 들어가 있으면 보다 높은 점수를 받겠죠?

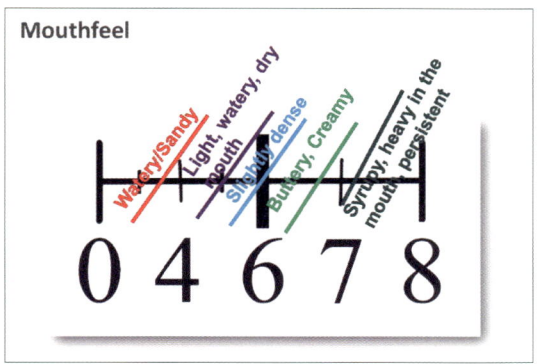

마우스필, 그러니까 바디는 확실히 단단할수록 높은 점수를 받는 추세입니다. 꼭 가벼운 바디가 나쁘고 무겁다고 좋은 것은 아니라고 말씀드렸지만, 그것은 어디까지나 '이

론'임을 알 수 있어요. 물론 이러한 칼리브레이션은 언제든 변할 수 있어요. 하지만 장기적인 추세로 라이트한 바디보다는 헤비한 쪽이 강세를 보이고 있습니다.

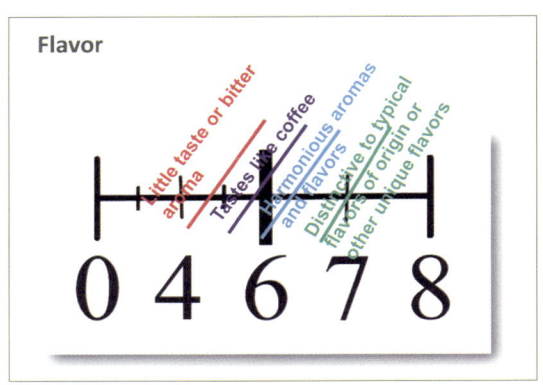

플레이버에서 유의해야 할 부분은 COE의 경우 산지에서 나오는 전형적인 맛을 존중한다는 점입니다. 유니크한 플레이버에도 높은 점수를 줄 수 있지만, 본래 그 테루아 Terroir[7] 가 가지고 있는 맛에서도 눈에 띄는 품질을 보여 주면 똑같이 높은 점수를 책정하죠.

그래서 COE에는 국가 대항전 개념의 대회가 없습니다. 멕시코는 멕시코의 맛이 있고, 에티오피아는 에티오피아의 맛이 있다는 걸 인정하고 있어요. 따라서 같은 90점이라고 해도 바이어 성향에 따라 옥션 낙찰가는 달라질 수 있습니다.

---

7 커피 산지의 지형과 기후 등 커피 향미에 영향을 주는 자연적 조건을 일컬어 부르는 말.

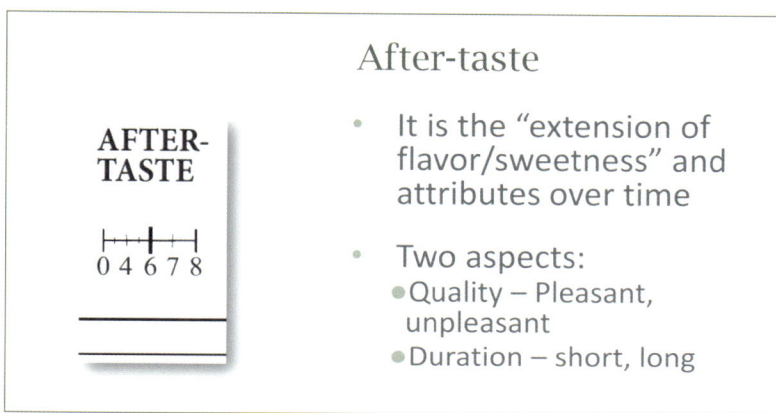

애프터테이스트 영역은 COE에서도 칼리브레이션이 그다지 필요하지 않습니다. 두 가지 측면, 그러니까 뒷맛이 좋은가, 그리고 그 좋은 뒷맛이 얼마나 길게 지속되는가에 따라 0점부터 8점까지 주면 되니까요.

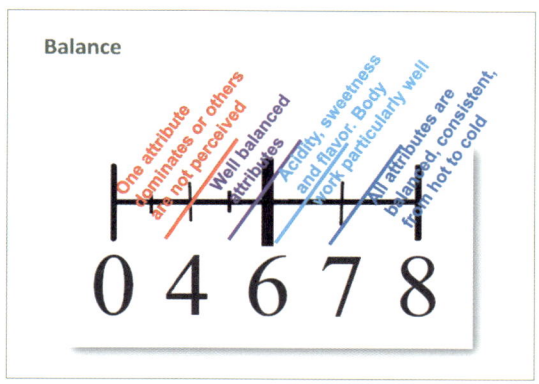

밸런스도 애프터테이스트처럼 쉬워 보이지만 실제론 칼리브레이션이 가장 어려운

부분 중 하나입니다. 지금까지 우리가 다룬 각각의 영역을 복기해야 하기 때문이에요. 맛은 있지만 하나의 영역이 느껴지지 않거나 하나의 영역이 다른 영역을 지배하고 있다면 아주 낮은 점수를 줘야 하고, 전체적으로 무난한 밸런스를 보인다면 6점을 책정합니다. 또한 전체적으로 모든 부분이 시너지를 내면서 커피 맛을 끌어올리고 있으면 7점, 뜨거울 때나 차가울 때 모두 일관되게 훌륭한 밸런스를 보여 준다면 만점인 8점이 됩니다.

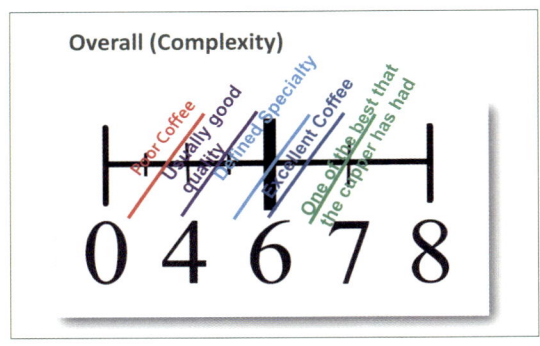

끝으로 오버롤에 대한 COE 칼리브레이션도 단순합니다. 각 심사관이 생각하기에 COE에 적합하지 않은 수준이면 4~6점 사이, COE급이라면 6~7점, 아주 뛰어나고 마음에 든다면 그 이상을 줄 수 있습니다.

지금까지 2022년 멕시코 COE에서 헤드저지인 실비오^{Silvio}와 각국의 심사위원이 진행한 칼리브레이션을 예시로 소개했습니다. 칼리브레이션은 거듭 강조했듯 산지와 시기에 따라 변동될 수 있고 참여하는 헤드저지와 심사관의 성향에 따라서도 다소 편차가 발생합니다.

편차가 존재하는데 어찌 공정한 대회가 될 수 있냐고 반문할 수도 있겠죠. 하지만 맛이라는 건 시대와 문화 그리고 나라에 따라 조정이 되는 부분이니까요. 게다가 채점에 참여하는 주체가 기계가 아닌 사람이라는 점에서 이러한 문제 아닌 문제는 영원한 숙명으로 남을 겁니다. 언젠가 기계가 모든 커피를 내려주는 날이 올 수도 있겠지만, 커피를 마시는 건 반드시 사람이라는 점에서 커핑과 대회의 주체까지 기계로 대체될 날은 오지 않을 것 같으니까요.

그린빈 바이어의 길을 걸어볼까요?

많은 커피인이 농장에 방문해 커핑하고 생두를 직접 수입해보는 것을 꿈으로 꼽습니다. 최근엔 이러한 일을 하는 '그린빈 바이어Green bean buyer'라는 직군이 등장하기도 했어요. 커피 업계에서 한때 바리스타를 넘어 로스터로 번진 유행의 불길이 이제는 그린빈 바이어로 퍼지고 있습니다. 얼핏 상상해봐도 이 직군에서 가장 중요한 능력은 커피를 제대로 평가하는 센서리 능력입니다. 그린빈 바이어에 대해 더 자세히 알아봅시다.

산지 커핑은
무엇이 다를까요?

우리가 그린빈 바이어[1]가 되어서 농장에 간다면 언제 방문하는 것이 좋을까요? 전 세계 커피 산지는 대부분 남북 양회귀선 25도 사이를 칭하는 커피벨트Coffee belt에 위치해 있지만 지형과 기후 차이 때문에 수확철은 각기 다릅니다.

가장 많은 분이 가보고 싶어하는 커피의 고향, 에티오피아의 경우 한국 기준으로 늦가을부터 초겨울에 가면 싱그럽게 맺힌 체리를 볼 수 있습니다. 하지만 '게이샤의 천국'이라고 불리는 파나마는 그보다 조금 늦은 시기에 가야 멋진 모습을 볼 수 있고, 과테말라, 엘살바도르, 온두라스 등 중미는 초봄에 가야 광활하게 펼쳐진 커피 산지의 전경을 마주할 수 있죠.

서술한 시기에 방문한다면 책에서만 보던 커피 나무와 체리를 잘 관찰할 수 있고 피커 및 농부들과 함께 수확을 하거나 나아가서 프로세싱에 참여해 볼 수도 있습니다. 하지만 그린빈 바이어로서 산지 커핑이나 센서리 평가를 하기에는 무리가 있어요. 바로 '레스팅Resting'이라는 녀석 때문입니다.

우리가 처음에 공부한 내용 기억하시나요? 커피 센서리를 정확하게 하기 위해서는 프로토콜을 따라야 하는데, 그중 커핑을 하기 위해선 로스팅 이후 최소 약 8시간을 기다려야 한다는 것 말이죠. 이러한 내용은 원두를 볶는 로스터들뿐 아니라 커피 애호가들도 잘 알고 있습니다. 로스팅이 끝난 커피를 바로 마시면 남아 있는 가스 때문에 맛이 없으니까요.

'디개싱Degassing'이 끝난 원두로 커피를 추출해 마셔야 더 명확한 향을 느낄 수 있듯

---

[1] 그린빈 바이어 혹은 그린커피 바이어라고 불립니다. 전 세계 농장을 방문해 커피를 체크하고 어떤 커피를 수입할지 결정하며 수입이 완료되면 퀄리티 컨트롤까지 담당해요.

이 생두도 마찬가지랍니다. 커피 체리피커[2]가 나무에서 체리를 수확하고 워시드, 내추럴 등의 가공을 거친 뒤 밀링Milling[3] 같은 가공을 하면서 생두는 우리 눈에 보이지 않는 다양하고도 엄청난 변화 속에서 큰 데미지를 입습니다. 또한 생두 속에 있는 수분이 안정화되지 않으면 우리가 원하는 최적의 향미가 발현되기 어렵습니다. 그래서 농부들은 수확한 생두를 파치먼트 상태에서 1~3개월 정도 안정기를 갖게 하거나 탈곡 등 모든 프로세싱을 마치고 저온에 보관하면서 자연스럽게 레스팅을 하기도 합니다. 즉, 원두에 디개싱이 있다면 생두에는 레스팅이 있습니다.

결론적으로 여러분이 그린빈 바이어가 되어 산지에 간다면 언제 가야 할까요? 단순합니다. 그저 SNS에 올릴 산지 방문 사진이 필요하다면 생두 수확철에 딱 맞춰서 가면 됩니다. 그 시기에는 우리가 상상하는 농장의 모습을 볼 수 있고 멋진 사진도 찍을 수 있습니다. 하지만 그린빈 바이어나 커퍼로서 제대로 된 커피 평가를 해보고 싶다거나 농장의 커피를 제대로 맛보고 구입하는 것이 목표라면 수확철로부터 한 달 정도 지났을 즈음에 방문하는 게 좋겠네요.

물론 개인 일정 등 피치 못할 사정으로 메인 수확철이나 레스팅이 완료되기 전에 가서 커핑을 하더라도 방법은 있습니다. 원두 납품을 하는 로스터로 사례를 들어 설명해 볼게요. 로스터로 일하다 보면 당일 로스팅을 하고 즉시 고객에게 발송해야 하는 경우가 많지만, 사실 고객이 이 커피를 추출하는 시기는 로스팅 이후 짧게는 며칠, 길게는 몇 주가 지난 때입니다. 그렇다고 해서 로스터로서 퀄리티 컨트롤Quality Control, QC을 위한 커핑을 하지 않을 순 없기에 각자의 방식으로 커핑을 한 뒤 발송을 해요.

그린빈 바이어의 생두 커핑도 마찬가지입니다. 아직 레스팅이 끝나지 않았다고 해

---

2 커피 수확철에 커피 체리를 따는 일꾼들이며 대부분 비정규직 일당제로 운영됩니다. 보통 매우 낮은 임금을 받기 때문에 최근에는 점점 사람 구하기가 어렵다고 합니다. 그 밖에 온 가족이 피커로 참여하는 경우도 많아서 가족 내 어린이들을 위한 시설이나 가족실을 제공하는 농장은 보다 인기가 많습니다.
3 생두를 감싸고 있는 파치먼트를 제거하는 작업.

서 커핑을 미루고 하지 않는다면, 레스팅이 완벽히 되었을 때는 그 생두가 이미 다른 바이어의 손에 들어가 있을 거예요. 특히나 좋은 생두는 그리 오랜 시간을 기다려 주지 않죠. 그렇다면 어떤 방법으로 커핑을 해야 할까요?

바로 '경험의 커핑'입니다. 당일 로스팅한 커피를 커핑할 때도 그렇지만 생두도 수확한 지 얼마 안 된 경우에는 매우 신선한 느낌이 들어서 향이 강하게 나오지 않습니다. 이를 산지에서는 'Too Fresh(너무 신선한 커피)'라고 표현합니다. 얼핏 신선하니까 좋은 거 아닐까 생각할 수 있지만 그렇지 않아요. 생두가 너무 신선하면 우리가 찾는 커피 향이 잘 느껴지지 않고, 그 향을 전체적으로 감싸고 있는 생두 본연의 풋내가 강하거든요.

그럼에도 불구하고 우리는 생두가 가진 잠재력을 빠르게 파악해야 하는데, 안타깝게도 확실한 방법이 있지는 않습니다. 생두 본연의 풋내, 텁텁함과 때로 잔디 같은 뉘앙스를 가진 허브 톤의 프로파일 속에서도 슬쩍 흘러나오는 잠재력을 파악하는 수밖에 없어요. 로스터가 당일 로스팅한 커피를 커핑하며 이 커피가 추출될 미래를 예측하는 것처럼 말이죠. 어렵죠? 하지만 로스팅을 해보신 분들은 이해하겠지만, 당일 로스팅한 커피를 커핑하더라도 최소한 디펙트의 유무나 어떤 향미가 발현될지는 예측이 가능하답니다.

산지에서 마주할 수 있는 다른 문제도 있습니다. 농장에서의 로스팅은 생각보다 퀄리티가 낮은 경우가 많아서 우리가 배운 커핑 프로토콜과 일치하지 않는 경우가 많습니다. 산지의 장비 문제도 그렇고, 아직 커핑을 위한 프로토콜을 제대로 훈련 받지 못한 농부가 다수이기 때문이에요. 그 외에 고도를 비롯한 지형적인 문제로 인한 끓는점, 산소의 차이 등으로 실제 우리가 평소 하던 커핑과 사뭇 다른 느낌이 날 수밖에 없습니다. 게다가 산지까지 가느라 지친 몸과 마음 탓에 컨디션 난조가 오는 것도 더해집니다.

그래서 산지에서도 커핑을 잘하고 센서리 평가를 제대로 하기 위한 결론이 무엇인지 묻는다면, 허무하게도 딱히 왕도는 없다고 답하게 됩니다. 앞서 이야기한 바와 같이 당일 로스팅한 커피를 맛보는 로스터처럼 이러한 경험을 반복하여 본인만의 노하우로 자연스레 체득하는 수밖에요. '지금 이 프로파일밖에 나오지 않는 생두를 구입한다면 머지않아 안정화가 되어 내가 받아볼 땐 엄청난 맛으로 변해갈 것이다'와 같은 판단을 경험을 통해 얻어내야 합니다.

    물론 정답은 생두 속에 있습니다. 아무리 디개싱이 안 되어 가스에 가려진 원두라도 미세하게 자신의 매력을 드러냅니다. 생두 역시 레스팅이 되지 않았더라도 자신이 보여 줄 모습에 대한 힌트를 주죠. 우리가 그 작은 힌트 속에서 미래를 볼 수 있을지는 우리의 몫으로 남겨 둔 채 말입니다.

    여담이지만 예능 프로그램에선 종종 배우를 인터뷰하며 그들의 과거 아역 시절의 모습을 보여 주기도 합니다. 때로는 그 모습과 지금이 너무나 닮아서 신기함을 자아내기도 하지만 어떤 배우는 정말 다른 모습으로 성장해 있기도 하죠. 커피도 그렇습니다. 아역배우의 모습과 역량을 꿰뚫어 보고 성인이 될 때까지 커리어를 잘 키워 나갈 수 있게 하는 사람이 훌륭한 연예 프로듀서라면, 커피 업계에서도 신선할 때의 맛을 보고도 미래의 맛을 정확하게 예측할 줄 아는 사람이 훌륭한 그린빈 바이어이자 커퍼가 될 것입니다.

    결론적으로 센서리를 잘하기 위한 방법은 바리스타, 로스터 그리고 그린빈 바이어를 떠나 어느 직군에서나 같습니다. 많은 경험을 통해서만 능력치가 조금씩 상승하기 때문에 특별히 빠른 길을 찾아갈 순 없습니다.

    기본적인 센서리 능력을 갖춰 놓은 이후에는 실패와 성공을 반복하며 본인의 노하우를 찾아야 합니다. 그렇게 하더라도 종종 생두 수입에 실패하는 경우가 많습니다. 그건 인간이 통제할 수 있는 영역 밖일 거예요. 아역배우 때의 엄청난 잠재력을 믿고 장기 투자를 했다가 실패해서 조기 은퇴했다는 프로듀서의 슬픈 소식이 간혹 들리는 것처럼 말이죠.

국내외
그린빈 바이어 인터뷰

이번에는 국내외에서 아주 유명하고 실력 있는 그린빈 바이어들을 만나 이야기를 들어보겠습니다. 강력한 센서리 실력으로 무장하여 전 세계를 누비며 좋은 커피를 찾기 위해 움직이는 두 분입니다. 먼저 우리나라에서 아주 높은 명성만큼이나 커피를 잘하는 분이죠. 서필훈 대표님을 만나봤습니다.

서필훈
'커피 리브레' 대표

🫘 자기소개를 부탁합니다.

커피 리브레 대표 서필훈입니다.

🫘 서필훈 대표님께서는 전 세계 산지를 다니며 좋은 커피를 찾아오는 그린빈 바이어로 일하고 계신데요. 그린빈 바이어에게 가장 중요한 커피 센서리 능력은 무엇일까요?

맛있고 점수 높은 커피를 구분하는 커핑 능력이야 쉽게 갖출 수 있죠. 개인적으로는 그 커피가 한국에 도착한 뒤 우리 로스팅 환경에서 어떤 맛을 낼지 상상하는 것, 그리고 컵에서 어떤 결점이 발견되었을 때 그것이 어떤 이유에서 생긴 것인지 판단하는 일이 늘 어렵습니다. 생장 시 기후 조건, 수확, 발효 및 건조, 보관, 밀링 과정 중 어디에서 문제가 발생했는지를 알아야 파트너 생산자가 더 좋은 커피를 공급할 수 있기 때문에 어려운 문제지만 심혈을 기울여 파악하려 해요.

● 로스터로도 일하고 계시죠. 로스터가 갖춰야 할 커피 센서리 능력은 그린빈 바이어와는 어떤 차이가 있을까요?
로스터는 선택한 생두와 사용하고 있는 로스터기, 세팅 환경에서 기대하고 만들어 낼 수 있는 맛의 특성과 한계를 관능적으로 이해해야 한다는 것. 그리고 프로덕트 로스팅을 위한 다양한 로스팅 포인트에서 생두의 관능적 스펙트럼 변화를 이해해야 한다는 점이 다른 것 같습니다.

● 커피 리브레는 여러 매장을 운영하고 있죠. 멀리 떨어져 있는 각 지점의 바리스타들은 매장 커피의 센서리 칼리브레이션을 어떤 방식으로 진행하고 있나요?
매장 네 곳의 추출 환경이 다르기 때문에 같은 원두여도 똑같은 맛을 기대할 수 없습니다. 특히 수질에 큰 차이가 있어서 본사에서 제공한 커핑 노트는 참고만합니다. 각 매장 내부적으로는 새로 로스팅한 원두가 도착하자마자 바리스타들이 함께 커핑과 칼리브레이션을 하고 추출 및 판매 계획을 세웁니다.

● 처음 매장을 오픈했을 때와 달리 지금 고객들은 커피의 산미에 대한 순응도나 생각이 많이 달라졌을 것 같습니다. 그 밖에 당시에 비해 달라진 고객의 커피 수용성에 대해 말씀해 주시겠어요?
다방면에서 변화가 빠르게 일어났지만 몇 가지만 언급해 보겠습니다. 우선 고객들이 커피의 다양성을 이해하고 추구하게 됐습니다. 이에 따라 다양한 산지, 로스팅 포인트, 품종, 가공 방식에 대한 관심이 늘었습니다. 또, 고품질 커피에 대한 인식 및 수요가 확대되며 높은 가격에 대한 탄력성이 증가했습니다. 얼마 전까지 커피 값이 밥 값보다 비싸다는 사회적 논란이 있었던 것을 생각하면 참 많이 변했죠. 마지막으로 커피는 잠을 쫓는 생화학적 기능성 음료에서 맛과 품질을 즐기는 미각적 경험을 제공하는 음료로, 더 나아가 자신을 표현하는 브랜딩 요소로서의 음료로 진화하고 있습니다.

🫘 지금껏 커핑해 본 수많은 커피 중 가장 인상 깊었던 커피와 가장 높은 점수를 줬던 커피는 무엇인가요? 커피 센서리 관점에서 컵 프로파일과 느낌을 중심으로 말씀 부탁합니다.

가장 인상 깊었던 커피들은 아무래도 제 경험이 부족했던 시절에 집중되어 있습니다. 2007년도 〈스텀타운 커피 로스터스Stumptown Coffee Roasters〉가 베스트오브파나마Best of Panama에서 1위로 낙찰받았던 아시엔다 에스메랄다Hacienda Esmeralda의 게이샤는 경이로웠고, 2011년 즈음의 온두라스 COE 1위 커피도 기억에 남습니다. 당시만 해도 플로럴한 커피가 많지 않았는데 두 커피 모두 향수 같은 꽃 향기가 강렬했고 샴페인과 넥타 같은 느낌이 황홀했습니다. 조향사들이 얘기하는 탑, 미들, 베이스 노트가 뚜렷해서 커피가 혀에 처음 닿았을 때부터 마지막까지 아주 긴 시간 맛의 향연을 펼치다가 사라지는 느낌이었습니다. 하지만 저는 제 기억을 그다지 믿지 않고, 당시의 제 부족했던 경험이 컵 프로파일을 과장하고 있다고 생각합니다.

약력
커피 리브레 대표

다음으로는 해외의 그린빈 바이어를 만났습니다. 매년 전 세계 산지를 다니며 COE 심사를 하는 등, 활발한 활동을 통해 유럽에서 가장 잘 알려진 그린빈 바이어이자 스페셜티 커피회사 '다보브 스페셜티 커피Dabov Specialty Coffee'의 대표인 조단과의 인터뷰입니다.

조단 다보브
Jordan Dabov
'다보브 스페셜티 커피' CEO

🫘 자기소개를 부탁합니다.

불가리아에서 커피를 하는 조단 다보브입니다. 아내와 함께 설립해 운영하고 있는 다보브 스페셜티 커피는 2008년 설립 이래 오직 스페셜티 커피를 취급하며 로스팅하고 있습니다. 저는 일 년 중 세 달 이상을 스페셜티 커피를 찾기 위해 산지에서 활동하고, 이 기간 중에 커피 산지의 새로운 가능성을 찾으며 그것을 소비자에게 어떻게 잘 전달할 수 있을지를 고민합니다. 스페셜티 커피는 우리가 가장 잘할 수 있는 일입니다.

🫘 유럽 최고의 그린빈 바이어 중 한 명으로 알고 있습니다. 커피 수입과 관련해 가장 중요한 센서리 스킬은 무엇인가요?

먼저 좋은 말씀 감사합니다. 하지만 저는 제가 최고라고 생각하지 않습니다. 다만 늘 그렇게 되기 위해 노력합니다. 커피를 찾는 일은 대회나 경쟁이 아닙니다. 하지만 저는 고객들을 위해 최고의 커피를 찾는 일을 게을리 하지 않습니다. 고객에게 늘 좋은 스페셜티 커피를 찾는 일이 제가 살아가는 이유라고 말하기 때문입니다.

커피를 찾는 일에 있어서 가장 중요한 스킬은 센서리 능력을 넘어선 '용기'라고 생각합니다. 당신이 느끼는 커피의 맛과 선호를 믿고 가야합니다. 설령 그것이 다른 사람의 생각과 다르더라도 말이죠. 그것은 단순한 센서리 스킬에서 나오는 것이 아니라 '커피를 좋아하는 것'에서 먼저 출발한다고 믿습니다. 물론 안정적인 센서리 능력을 갖추는 것은 기본이겠죠. 이를 위해 저는 매주 4회 정도 훈련하는 시간을 갖고 있습니다.

🫘 불가리아와 유럽 전역을 비롯해 전 세계에 스페셜티 커피를 판매한다고 알고 있습니다. 이들 사이에 선호도의 측면에서 다른 점이 있나요? 각각의 나라별로 좋아하는 센서리 프로파일이 있는지도 궁금합니다.

좋은 커피는 어디서나 좋은 커피입니다. 선호도에 의해 크게 바뀌진 않는다고 생각합니다. 문화적인 차이에 따라 다른 점이 존재하기는 하겠지만, 유럽 국가들 사이에서의 선호도는 크게 다르지 않습니다. 왜냐하면 스페셜티 커피를 찾는 분들은 한 가지, 그러니까 말 그대로 스페셜티 커피의 가치를 잘 알고 그 자체를 즐기기 때문이죠.

하지만 도매 고객과 소매 고객 간에는 제법 차이가 있습니다. 저희의 주요 도매 고객은 불가리아, 스페인, 그리스, 체코, 독일 그리고 마케도니아 지역에 있는데, 이들은 조금 더 초콜레티Chocolaty하고 단맛과 밸런스를 갖춘 커피를 선호하며 산미가 강한 커피는 배제하는 경향이 있습니다. 반면 유럽 전반을 비롯해 전 세계적으로 주문을 받는 소매 고객은 독특한 플레이버를 가진 커피를 선호합니다. 비교적 높은 산미, 복잡한 플레이버 그리고 로스팅에 의한 맛뿐만 아니라 품종이나 프로세스에 의해 발현되는 맛에도 주목합니다. 높은 점수를 받는 커피를 좋아하는 것은 물론이고요.

🫘 오랜 기간 스페셜티 커피 업계에 몸담아 오셨죠. 그 사이에 고객들의 센서리 능력이 크게 변화했을 것이라 생각합니다. 그것에 맞춰 어떤 일을 해 오고 계셨나요?

스페셜티 커피 시장에 15년째 있지만 늘 초보자라고 생각합니다. 물론 잘 알고 있습니다.

이 시장이 그간 다이나믹하게 발전해 온 것을 말이죠. 매년 새로운 프로세스가 나왔고 새로운 품종이 개발됐으며 우리는 그것을 힘겹게 쫓아가고만 있었습니다. 하지만 이 현상이 반복되면서 고객들도 이런 변화와 패턴에 익숙해졌고, 이 과정에서 어느 순간 스페셜티 커피에 대한 학습이 자연스럽게 이뤄졌습니다. 그 결과 고객들도 이젠 품종별 차이점을 알고 프로세싱 테크닉에 따른 맛까지 구별할 수 있게 됐어요. 결론적으로 자연스러운 스페셜티 커피 업계의 흐름에 맞춰서 고객들의 센서리 스킬이 준전문가 수준에 이른 것이죠. 물론 이 시장에 처음 진입하는 소비자들은 대부분 제가 처음 커피를 시작했을 때와 마찬가지로 여전히 아무것도 이해하지 못합니다. 저는 이런 분들에게 좋은 커피를 차근차근 소개하며 경험하게 하고, 그들이 이해하고 따라올 때까지 기다립니다. 이런 행동은 제게 행복이자 제가 원하는 일입니다.

🫘 **회사 직원들과 센서리 칼리브레이션은 어떻게 진행하시나요?**
칼리브레이션은 가장 중요한 일입니다. 저는 유럽에 7개의 매장을 가지고 있고, 이곳들에 항상 같은 맛을 전달하기 위해 노력합니다. 그래서 매주 한 번은 모든 바리스타들과 토론하고 맛이 어떻게 변했는지 의견을 들으며 로스팅을 조정합니다.
또한 로스팅 팀과는 주 2회 칼리브레이션을 하고 새로운 로스팅 프로파일을 논의합니다. 스페셜티에 있어서 이러한 작업이 좋은 커피를 찾는 일보다 중요하다고 생각하기 때문에 한 주도 빠짐없이 꼭 진행하고 있죠. 대면하지 못할 상황엔 원격으로 이야기를 나눌 정도로 서로 의견을 나누는 업무에 있어서는 시간을 아낌없이 투자합니다.

🫘 **그간 커핑해 본 수많은 커피 중 최고의 커피는 무엇인가요? 그 커피의 센서리 프로파일이 궁금합니다.**
저는 클린하고 단맛이 좋은 커피를 선호합니다. 프로파일로 보자면 복숭아, 블루베리, 딸기, 장미와 재스민 노트 혹은 달달한 레몬 맛이 나는 커피가 좋습니다. 이런 맛이 나올 땐 무척 기쁘지만, 최고의 커피가 무엇이었는지 묻는다면 아직 답할 수 없습니다. 최고의 커피는 아직 만나지 못했다고 믿고 싶거든요. 가능성을 열어 두고 매년 새로운 커피를 만나는 일이 즐겁습니다. 맛있고 새로운 커피를 고객에게 소개하기 위해 일정한 틀을 만들지 않고 늘 열린 마음으로 커핑을 하고 있습니다.

약력
- 다보브 스페셜티 커피 설립자
- 커핑 및 커퍼 경력 15년
- COE 활동 10년 (국제 심사위원 12회)
- 베스트오브파나마 심사위원 (3회)
- 베스트오브엘살바도르Best of El Salvador, 오로데산타바바라(온두라스)Oro de Santa Barbara(Honduras), 젬스오브아라쿠(인도)Gems of Araku(India), 펄오브르완다Pearl of Rwanda 심사위원 (1회)
- 2009년~ SCA AST[4] 활동

생산자가 생각하는 센서리

산지의 생산자들은 커핑과 센서리에 대해 어떤 의견을 가지고 있을까요? 어쩌면 커피 산업에서 가장 중요한 위치에 있는 그들을 만나 생각을 들어봤습니다.

---

4 SCA에서 인증한 교육 감독관Authorized SCA Trainer입니다. 이 자격증을 소유하면 SCA에서 인증하는 교육을 진행하고 직접 자격증을 발급할 수 있는 권한을 갖게 됩니다.

아담 오버톤
Adam Overton

에티오피아 게샤 빌리지 Gesha Village 대표

🫘 에티오피아는 커피의 고향이자 상징과 같은 곳입니다. 에티오피아 사람들도 당신처럼 스페셜티 커피를 좋아하나요?

그렇지 않습니다. 에티오피아 사람들이 좋아하는 맛은 여러분이 상상하는 맛이 아닙니다. 일단 저는 센서리에서 '노출'과 '역사'가 중요하다고 생각합니다. 즉, 그동안 나에게 노출되고 오랜 기간 내려온 것이 센서리에서 가장 중요한 포인트를 차지하는 거죠. 예를 들어 오래전부터 다크 로스트 커피를 좋아했다면, 새로운 라이트 로스트 커피를 접하더라도 입맛은 쉽게 변하지 않습니다. 더 좋고 나쁜 개념이 아니라 그냥 익숙해져버린 겁니다. 특히 에티오피아는 전통을 중시하다 보니 그런 성향이 더욱 강한 것 같습니다. 에티오피아에선 커피 분쇄를 손으로 한다는 것도 또 다른 이유입니다. 전동 그라인더를 사용하는 곳이 매우 적죠. 요즘 스페셜티 커피가 으레 그렇듯 라이트 로스팅된 커피는 손으로 분쇄하기가 어려워서 누구나 다크 로스팅을 하고 이것이 자연스럽게 문화로 정착된 겁니다.

🫘 게샤 빌리지의 사무실은 수도인 아디스 아바바에 있고 농장은 멀리 떨어진 벤치마지에 있습니다. 이렇게 생산과 판매 공간이 별도로 있는 상황에서 농부들과의 칼리브레이션은 어떻게 진행하시나요?

농부는 고객이 찾는 맛을 알아야 하는데, 에티오피아 농장은 대부분 영세하고 도심에서 아주 멀리 위치해 있습니다. 그래서 농장에서는 어떤 커피를 만들어야 좋은지도 모르고 그저 커피를 수확하고 말리는 경우가 대부분입니다.

저희는 별도로 퀄리티 매니저를 두고 수도인 아디스 아바바 사무실에서 근무를 시킵니다만, 지속적으로, 특히 수확철에는 농장에서 순환 근무를 합니다. 이를 통해 매주 농장에서 일하는 사람들과 오피스에서 일하는 스태프 간에 교류 커핑을 하고 어떤 커피가 좋은지 교육하죠. 이를 시행한 후에 농부들의 센서리 스킬은 물론이고 커피를 대하는 자세가 확실히 달라졌습니다.

🫘 게샤 빌리지는 몇 개의 랏으로 나뉘어진 농장인데, 랏마다 맛이 매우 달랐습니다. 한 농장임에도 맛의 차이가 크게 나는 이유는 무엇인가요?

랏마다 커피 맛이 다른 이유는 여러 가지입니다. 우선 품종이 다릅니다. 게샤 품종 자체도 몇 가지로 세분되기 때문에 이들이 완전히 동일하다고 할 수 없습니다. 하지만 같은 품종이라도 랏마다 맛이 다를 수 있습니다. 먼저 지형을 원인으로 꼽을 수 있습니다. 모두 하나의 테루아라고 생각하지만 같은 땅이라도 어느 지역은 경사가 있고 다른 곳은 평지입니다. 이는 햇볕이 드는 영역과 광합성이 이뤄지는 시간이 다르다는 것을 의미합니다. 또한 토양도 하나의 요인인데, 어떤 곳은 숲에 위치하고 또 어떤 곳은 다른 곳에 자리해 습도에 차이가 있습니다. 게다가 한 번에 동시 수확하는 것이 아니므로 수확 시기가 조금씩 달라집니다. 이에 따라서도 센서리 프로파일이 상당히 바뀝니다.

변수는 아주 많습니다. 그해 생두의 점액질 상태나 수확하는 날의 날씨 차이 그리고 프로세싱 과정에 따라 미세한 차이가 생길 수밖에 없는데, 이러한 변수들이 모두 프로파일에 영향을 끼칩니다. 랏 자체의 차이에 따른 맛의 차이도 크지만, 동일한 랏이라고 해도 매년 프로파일이 변경되는 이유죠.

🫘 센서리 프로파일 측면에서 에티오피아 게이샤와 파나마 게이샤의 차이는 무엇이라고 생각하시나요?

사실 파나마 게이샤에 대해 자세히 알지는 못합니다. 다만 가끔 경험해 본 것으로 말씀드리자면, 에티오피아 게이샤는 주로 내추럴 가공을 하기 때문에 밝은 과일 맛이 특색이며 파나마에 비해 클린함이 아주 잘 나오는 테루아를 가지고 있다고 생각합니다. 그래서 프래그런스가 돋보이는 커피가 많다고 믿습니다.

🫘 그동안 마셔본 커피 중 가장 인상 깊었던 커피는 어떤 것이고 또 프로파일은 무엇이었는지 궁금합니다.

이곳에 있으면 다른 나라의 커피를 경험할 기회가 매우 적습니다. 그래서 비교 대상이 많지 않기도 하고 개인적으로 게샤 빌리지 커피를 가장 좋아해서 해외 여행을 가더라도 이 커피를 판매하는 곳에 자주 갑니다. 특별히 하나의 인상적인 커피를 꼽기는 힘들지만, 프로파일을 논하자면 아주 클래식한 게이샤 프로파일을 좋아합니다. 이를테면 강한 향수에서 느껴지는 높은 강도의 향, 재스민과 베르가못의 레이어드, 꽃향, 장미, 와일드하고 이국적인 과일 그리고 무엇보다 뜨거울 때부터 차가워질 때까지 다양한 변화가 있는 커피 프로파일을 선호합니다.

연혁

2007년, 지금은 아내가 된 에티오피아인 레이첼과 함께 다큐멘터리 촬영을 위해 에티오피아에 방문했다. 그러던 중 에티오피아 커피에 관심을 갖고 레이첼과 함께 본격적으로 에티오피아 커피를 연구하고 미래를 꿈꾸게 됐다. 남수단과 에티오피아 경계에 있는 벤치마지 지역을 돌아다니며 이 지역 게샤 품종의 가능성을 확신한 후엔 미국의 커피 교육가 윌렘 부트를 만나서 본격적으로 농장을 가꾸고 프로세싱을 하기 시작했다. 지금은 이 지역에서 커피 농장뿐 아니라 지역 주민을 위한 학교를 열고 모두가 공생할 수 있는 방법을 찾으며 커피를 통한 사회 발전에 관심을 두고 있다.

수차오 따본웡
Suchaw Thavornwongs

태국 커피 생산자

 자기소개를 부탁합니다.

태국에 살고 있는 수차오 따본웡입니다. 광고 회사의 디렉터, 한의학 전공 경력을 살린 의사로 활동하고 있으며, 로스터와 커피 생산자를 겸하고 있습니다.

광고 회사에서 2013년에 커피 브랜딩에 관한 프로젝트를 맡았습니다. 그때 커피를 알게 되어 관련한 내용을 더 찾아보게 됐고 큰 흥미를 느껴서 조금씩 커피 업계에 발을 들여 왔습니다. 당시 편찮은 어르신들께 침을 놓기 위해 치앙마이에 자주 방문했는데, 이를 통해선 커피 농장에 대해서도 알아 갔죠. 이후 좋은 기회가 생겨 COE 심사를 하게 됐고, 이것이 본격적인 커피인이 된 변곡점입니다.

 태국 최고의 커피 생산자로서, 생산자에게 중요한 센서리 스킬은 무엇이라고 생각하시나요?

저는 최고의 생산자는 아닙니다. 태국에는 오랜 기간 커피를 재배하고 발전시킨 대단한 커피 생산자가 많습니다. 다만 제게서 찾을 수 있는 장점은 말씀드린 바와 같이 한의학과 광고 회사 일을 하며 조금은 다른 시각에서 커피에 접근했다는 것입니다. 한의학 내에는 과일이나 허브 등을 통한 치료법이 있고 이들에 대한 발효나 가공과정이 매우 중요한데 커피 역시 그렇거든요. 또한 광고 기법에서 중요한 건 어떤 이미지를 머릿속에 각인되게 하는 것인데, 센서리도 마찬가지입니다. 이런 점을 기반으로 제가 다른 방향에서 커피에 접근할 수 있었다고 생각합니다. 생산자에게 중요한 센서리 스킬에 대해 묻는다면, 이

스킬이 부족할 경우 아예 일을 하지 않는 것이 낫다고 할 수 있을 만큼 중요한 역량이라고 생각합니다.

그렇다면 이 스킬을 어떻게 발전시킬 수 있을까요? 당장 슈퍼마켓으로 달려가서 커피의 프로파일로 나올 수 있는 다양한 음식을 구입해서 먹는 겁니다. 과일이나 향신료, 디저트 등을 잔뜩 사서 하나씩 내 머릿속에 집어넣는거죠. 마치 머리 은행에 적금을 든다는 생각으로요.

🫘 저는 태국의 커피 소비자들이 다른 나라와 비교해서 다른 특징을 보유하고 있을 수 있다고 생각합니다. 어떤 점이 다를까요?

태국은 오래전부터 '세계의 부엌'으로 불렸습니다. 매우 다양하고 풍부한 자연 재료가 있고 정말 다양한 방식으로 요리를 해 왔기 때문이죠. 그래서 다른 나라에 비해 음식과 식재료에 대한 경험이 풍부한 편입니다. 특히 커피에서 많이 감지되는 열대 과일이 넘쳐나고 북부 지방에는 겨울 과일까지 있기 때문에 모든 맛을 섭렵할 기회가 있습니다. 음식 스타일도 단맛, 짠맛, 쓴맛 그리고 감칠맛까지 한 접시에 담아내는 것이 많습니다. 예를 들면 팟타이나 똠양꿍 같은 것처럼 말이죠. 이렇듯 태국 사람들은 커피 맛도 다양하고 꽉 찬 것, 그리고 복합적인 맛이 나는 것을 좋아합니다.

🫘 무산소 커피를 잘 만든다고 알고 있습니다. 이런 프로세스에서 가장 중요한 것은 무엇이며, 잘 가공된 무산소 커피는 어떤 맛이 나야한다고 생각하시나요?

아직 잘 만든다고 생각하지 않습니다. 그래서 끊임없이 공부하고 매일 지식을 쌓기 위해 노력합니다. 대부분의 태국 커피는 카티모르 품종입니다. 전 세계적으로 이 품종을 좋아하는 사람이 거의 없을 정도다 보니 무산소 프로세스 등으로 맛을 가다듬고 복합적인 맛을 내보면 어떨까 고민한 것이 시작이었습니다.

먼저 저는 2018년 코스타리카 COE에 간 것이 행운이었습니다(제게 이 기회를 만들어준 김동완 선생님께 감사드립니다). 이때 헤드저지였던 실비오는 저에게 '오픈 마인드'를 가지라는 이야기를 많이 했습니다. 순수한 프로세싱만 찾을 필요는 없다는 뜻이기도 했습니다. 당시에 엘 디아만테 El Diamante 와 라 미니야 La Minilla 등 에스테반이 생산한 무산소 커피가 상위에 랭크되는 모습을 보고 결심했습니다. 우리 카티모르에도 이러한 기법을 통해 새로운 가치를 부여하자고 말이죠. 무산소 프로세싱에서의 가장 중요한 기법은 좋은 유기물과 나쁜 유기물을 조절하는 일입니다. 좋은 것은 끌고 가고 나쁜 것은 최대한 빠르게 억제하는 것입니다.

태국은 커피벨트에 위치한 나라지만 극도로 덥고 매우 습합니다. 그러다 보니 오랜 기간 대대로 내려오는 기법이 있는데, 음식을 보관하고 숙성하는 지혜는 그중 하나입니다. 태국 날씨에 맞춰서 무산소 기법을 조절할 수 있는 방식이 있는 겁니다. 무산소 커피라고 해서 좋은 프로파일이 다르진 않습니다. 클린컵과 단맛이 중요합니다. 하지만 여기에 무산소 특유의 복합성까지 나와준다면 최고라고 생각합니다.

☕ 최근 가향 커피 논란이 전 세계로 번졌습니다. 당신이 생각하기에 이스트 발효 커피도 가향 커피와 같은 맥락인가요? 만약 다르다면 어떤 점이 그렇고, 가향 커피를 구별할 수 있는 센서리 기법이 있다고 믿는지요?

먼저 가향 커피와 이스트 무산소 발효 커피는 개념이 다릅니다. 인공 향을 넣은 커피는 향이 아주 강하고 긴 시간 지속됩니다. 반면 이스트 커피는 자연적인 재료에 의한 일반적인 프로세스라고 생각하며, 이렇게 자연스러운 방식으로 만들어진 커피는 복합적인 맛에 초점이 맞춰져 있죠. 가향 커피를 구별하는 센서리 기법으로 저는 플레이버와 애프터테이스트에 주목합니다. 대부분의 가향 커피는 특정 아로마가 아주 강하게 뿜어져 나오지만 플레이버는 상당히 플랫합니다. 또한 맛을 보고 나면 메탈릭 Metallic 한 맛과 의약품 Medicinal 맛이 끝에 남겨져 있죠.

가향 커피는 어릴 때 먹던 사탕과 같습니다. 처음 먹을 땐 아주 즐겁지만 자주 먹다보면 단순함과 강렬함에 점점 흥미를 잃어버리는 것처럼 말이죠.

🫘 그동안 마셔본 커피 중 최고의 커피는 무엇인가요? 그 커피의 센서리 프로파일도 궁금합니다.

어떤 날은 커리가 제일 맛있고, 또 다른 날에는 국수가 최고의 음식이 되기도 합니다. 이처럼 커피도 전체를 통틀어서 최고라고 할 만한 것은 없다고 생각합니다. 그저 특정 시점, 특정 상황에서 최고가 존재할 뿐이죠. 하지만 최고의 프로파일이 있다면 저는 극강의 단맛과 극도의 클린함을 갖춘 커피라 생각합니다. 최고의 커피는 아직 만나지 못했다고 믿으면서 계속 커피를 하고 싶습니다.

약력
· COE International 심사관
· 아라비카 그레이더
· 커피 생산자

레이첼 페터슨
Rachel Peterson

파나마 라 에스메랄다 La Esmeralda 농장주

🫘 자기소개를 부탁합니다.

파나마에서 라 에스메랄다 농장을 운영하는 레이첼 페터슨입니다. 라 에스메랄다는 스페셜 랏과 프라이빗 컬렉션으로 나누어 커피를 재배하고 있습니다. 특별한 커피는 스페셜로 분류하고, 그 외의 커피는 블렌드해 프라이빗 컬렉션으로 나누어 판매하죠. 그 밖에 소량이지만 매우 특별한 커피는 농장 자체 옥션을 통해 공개하는 방식으로 다양한 옵션을 제공합니다.

🫘 파나마 최고의 게이샤 커피 생산자 중 한 명의 입장에서 좋은 게이샤를 만드는 데 있어 가장 중요한 센서리 스킬은 무엇이라고 생각하십니까?

먼저 좋은 말씀 감사합니다. 게이샤 생산자에게 센서리 능력만큼 중요한 것은 없다고 생각합니다. 게이샤는 아주 다양한 맛이 나오는 품종이지만 매우 은은하게 나오는 캐릭터가 많기 때문에 이런 것을 극대화시키는 것이 중요하기 때문입니다. 예컨대 많은 꽃향 중에서 어떤 것이 잘 발현되는지를 알아야하므로 다양한 꽃 노트를 잘 기억하고 있어야 하고, 과일의 경우 리치와 체리, 복숭아와 살구 사이의 경계를 잘 파악할 줄 알아야 하며, 베르가못과 오렌지를 명확하게 나눌 수 있어야 커피 재배에 있어 어떤 것에 초점을 맞춰서 가공할지 선택할 수 있습니다. 레몬그라스 같은 허브류도 잘 나오기 때문에 이 분야에 대한 센서리 능력도 중요하고요.

🫘 아무리 게이샤 커피라고 해도 나라 혹은 대륙별로 다른 선호도를 보여 줄 것 같습니다. 어떻게 다르다고 생각하십니까?

먼저 유럽 소비자들은 확실히 깨끗한 맛에 초점을 맞춥니다. 좋은 게이샤라 하더라도 특정 강한 맛보다는 전반적인 클린컵을 체크하고 소비합니다. 하지만 아시아 쪽은 와인 같은 느낌의 강한 내추럴 커피를 좋아하죠. 이렇듯 지역별로 다른 성향을 보이는 것은 분명하지만 그렇다고 일부러 그렇게 만들 수는 없습니다. 품종이나 테루아가 가지고 있는 범위 안에서 그런 느낌을 주기 위해 노력할 뿐입니다. 아무리 그들이 좋아하는 맛이 있더라도 어떤 인위적인 방식으로 만들어내는 것은 불가능하며, 또 원하지 않을 것입니다.

🫘 농장 내 구성원들과 칼리브레이션을 진행하시나요?

이 부분에 대한 훈련을 꽤 많이 하고 있습니다. 모든 농장의 멤버들은 어떤 커피가 좋거나 나쁜지 판단하는 훈련을 합니다. 또한 우리가 생산하는 모든 커피를 대상으로 일 년에 최소 3번에서 15번 정도 칼리브레이션을 진행하죠. 특히 어떤 컵이 밸런스와 마우스필이 좋은지에 대한 훈련을 중심으로 합니다. 또한 게이샤에서 잘 발현되는 재스민과 복숭아, 리치 그리고 만다린 오렌지에 대한 공부를 병행합니다.

🫘 같은 농장에서 나오는 커피가 매번 다른 프로파일을 갖기도 합니다. 이런 점은 퀄리티 컨트롤에 어려움을 줄 것 같은데 어떻게 관리하며 또 어떤 방식으로 그해 최고의 커피를 선별하십니까?

이런 부분이 커피 생산에서 가장 어려운 부분이라고 할 수 있습니다. 우선 농장에서 고도나 프로세싱에 따라 맛이 다른 것은 어쩌면 당연하다고 할 수 있지만, 같은 지역이라도 수확일이 며칠 다르다는 이유로 맛이 크게 달라지기도 하고 건조 기간에 따른 차이도 매우 큽니다. 수확 전에 비가 얼마나 왔는지에 따라 변화가 생기기도 해서 완전히 동일한 커피를 생산하는 것은 불가능에 가깝습니다. 그렇지만 우리가 통제할 수 있는 부분은 최대한 통제하면서 커핑 능력을 통해 최선의 맛을 유지하는 것이 인간이 할 수 있는 최선이 아닐까 싶습니다.

🫘 생산자로서 어떤 노트의 커피를 가장 좋아하는지 알고 싶습니다.

개인적으로는 워시드 게이샤를 좋아합니다. 특히 아주 클린한 스타일의 커피 말이죠. 하지만 그 안에서 각각의 요소가 뚜렷하게 드러나는 게 중요해요. 재스민, 베르가못 향과 살구와 복숭아 맛, 그리고 리치의 신맛이 잘 나타나는 커피를 최고의 커피로 생각합니다.

약력
- 파나마 라 에스메랄다 농장주
- 베스트 오브 파나마 총괄

커피 대회도 나가볼래요!

최근 각종 커피 관련 대회가 많아졌습니다. 대표적으로는 SCA가 전 세계를 대상으로 주관하는 월드바리스타챔피언십이 있고, 국내로 시야를 돌리면 원두 출품 대회나 커핑 관련 대회도 찾을 수 있죠. 그 밖에도 커피 산지에서는 생두를 평가하는 옥션 관련 대회도 다수 개최되어 커피 센서리에 관해 이야기할 만한 내용이 많아졌습니다. 이번에는 이러한 대회를 심사하는 분들의 이야기와 생각을 들어보겠습니다.

국내외 심사관이
생각하는 센서리

COE의 대표이자 다양한 대회 심사관 출신의 대런 다니엘을 비롯해, 국내에서 왕성한 활동을 펼치고 있는 이종현, 최용주 심사위원을 만나서 나눈 이야기입니다.

대런 다니엘
Darrin Daniel
전 COE 대표 및 COE 심사위원

🌿 **자기소개와 COE에 대한 소개를 부탁드립니다.**

2017년부터 2023년까지 COE를 운영하는 ACE의 대표를 맡았던 대런 다니엘입니다. COE는 미국 오레건주의 포틀랜드에 위치한 비영리 기구입니다. 우리의 목표는 12개국에서 진행하는 COE와 옥션을 통해 뛰어나고 새로운 커피를 발굴하며, 그러한 커피를 통해 높인 커피의 가치를 농부에게 전달하는 것입니다.

🌿 **COE에 선정되고 수상하는 커피가 가져야 할 가장 중요한 커피 센서리 프로파일은 무엇이라고 생각하십니까?**

현재 스페셜티 커피 시장에 부합하는 맛이어야 한다는 것과 강렬한 복합성과 플레이버를 동반한 달콤하고 클린한 커피를 기본으로 한다는 게 가장 중요합니다. 이런 스페셜티 커피 시장의 대표적인 예는 한국과 일본입니다. 이 시장에서 추구하는 맛이 요즘 트렌드의 기본이 되고 있습니다.

🫘 원래 스텀타운 커피 로스터스 등에서 오랜 기간 그린빈 바이어로 일했다고 들었습니다. 그린빈 바이어와 심사관으로서 커핑을 할 때 어떤 점이 다른가요?

그린빈 바이어로서 커핑할 때 갖추는 가장 기본적인 자세는 고객이 찾는 커피만을 발굴하겠다는 것입니다. 그래서 때로는 커핑 상태가 아닌 로스터리 고객이 사용하거나 추구하는 로스팅 프로파일을 떠올려서 어떤 맛으로 나타날지 적용시켜 보기도 합니다. 하지만 심사관은 그렇지 않습니다. 그들은 커피의 본질적인 가치(그것이 내가 좋아하는 맛이건 아니건 관계없이)를 평가해 점수를 책정하는 아주 객관적인 커핑을 합니다.

🫘 농부들은 어떤 커피가 좋은 커피인지 모르는 경우도 많은데요. 그들에게 어떻게 가치를 전달하고 커핑에서 의견을 나눌 수 있을까요?

농부나 커피 생산자와 일할 때 그들이 좋은 커피와 결함이 있는 커피를 이해하게 만들고 함께 칼리브레이션하는 것은 매우 중요한 일입니다. 그래서 브라질 COE에서는 마지막 라운드인 Top10 커핑을 할 때 모든 농부들을 초대해서 심사관들과 함께 커핑을 하게 합니다. 이러한 교류를 통해 어떤 커피가 Top10에 들어갈 수 있는지 직접 맛볼 수 있도록 하고 공감대를 이끌어 낼 수 있었는데요. 농부들과 함께 커핑할 수 있는 자리를 자주 만드는 것도 하나의 방법이라고 생각합니다.

🫘 많은 사람이 COE 심사관이 되거나 커핑을 잘하고 싶다는 말을 합니다. 그들이 좋은 심사관이나 커퍼가 될 수 있도록 조언 부탁드립니다.

여러분이 할 수 있는 만큼 최대한 커핑을 하고 맛을 보세요. 그것이 커피가 아니라도 괜찮습니다. 그렇게 하면 여러분들의 뇌 속에 있는 '플레이버 사전'에 경험들이 저장되어 커핑할 때마다 쉽게 꺼내 쓸 수 있게 됩니다.

🫘 스페셜티 시장을 열어준 미국은 오히려 COE 같이 아주 특별한 커피보다는 일반

적인 커피 시장이 주류라고 알고 있습니다. 조금은 아이러니한 이 상황에 대해 이야기해 주세요.

제 생각에 미국의 스페셜티 시장은 조만간 큰 기회를 마주하리라 생각합니다. 1960년대 산업 발달기에 우리는 커피를 활동에 도움이 되는 연료 정도로 생각했습니다. 커피가 지닌 특별한 맛이 아닌 카페인 자체로 말이죠. 다행히 1990년대부터 이런 생각이 조금씩 바뀌기 시작했습니다. 여전히 미국 내 많은 지역에서 커피는 그저 에너지드링크로 치부되는 경향이 많지만 말이죠.

● 그동안 맛본 수많은 커피 중 최고의 커피가 있다면 무엇이고 어떤 프로파일을 가지고 있었나요?

아주 어려운 질문이네요! 하지만 최고의 커피를 꼽으라면 오히려 특별하지 않은, 매일 마시는 '데일리 커피'가 아닐까 하는 생각도 드는군요. 제가 좋아하는 프로세싱 스타일은 에티오피아 구지 지역의 워시드나 콜롬비아 우일라 혹은 카우카 지역의 워시드 커피입니다. 또한 구체적으로 경험한 센서리 프로파일을 보자면 과일의 단맛을 가진 잼 같은 커피를 선호합니다. 깨끗한 산미와 깔끔한 애프터테이스트에 뚝 떨어지는 끝 맛을 가지고 있죠. 물론 때로는 아주 독특한 맛을 주는 예멘의 내추럴 스타일도 좋아합니다. 예컨대 화려한 부르고뉴 와인이나 내추럴 와인 같은 맛 말이죠.

연혁

1980년대에 미국 유진 지역의 〈커피 코너 Coffee Corner〉에서 바리스타로 일하며 로스터의 일을 도왔다. 시애틀과 덴버에서도 커피를 계속해 왔지만, 카페 〈일리 Illy〉에서 커피 교육과 트레이닝 업무를 하며 크게 성장했다. 이후 스텀타운 커피 로스터스에서 헤드 그린빈 바이어를 맡았으며 '알레그로 커피 Allegro Coffee'에서 생두 수급을 담당했다.

현재는 34개국을 돌아다니며 커피를 수입하고, 중남미와 동아프리카, 인도 태평양 지역의 농부, 생산자, 매니저와 함께 공공기관과도 관계를 유지하고 있다. 이 밖에 5번의 COE 심사관 경력을 보유하고 있으며 SCA와도 다양한 협업을 진행하고 있다.

이종현
COE 및 KBrC 심사위원

🫘 자기소개를 부탁합니다.

안녕하세요. 〈331 로스터스〉 대표 이종현입니다. 매장에서 사용하고 외부에 납품하는 원두의 로스팅을 담당하고 있으며 SCA AST로 커피 교육을 진행하고 있습니다. 또한 COE 심사위원으로도 활동하고 있습니다.

🫘 몇 안 되는 COE 국제 심사위원으로 활동하고 계시죠. COE 심사위원에게 가장 중요한 커피 센서리 능력은 어떤 것일까요?

일관성입니다. 센서리 훈련으로 얻은 경험을 기준 삼아 스코어링을 진행하는데, 같은 컵이 반복해서 나올 경우 그 컵들에 대한 점수는 일관적이어야 한다는 게 제 생각입니다. 예를 들어 파이널 심사에서 같은 컵을 세 번 이상 반복적으로 체킹할 가능성이 높기 때문입니다. 또한 품종과 기본적인 프로세싱에 대한 이해와 경험도 상당히 중요하다고 생각합니다.

🫘 로스터가 갖춰야 할 커피 센서리 능력은 심사위원과 어떤 차이가 있나요?

심사위원은 협회가 정해둔 기준 아래 스코어링을 통한 평가를 하게 됩니다. 하지만 로스터의 입장에선 조금 차이가 있을 수 있습니다. 정확한 기준보다는 소비자(바리스타, 원두 구매고객)의 니즈에 의해 로스팅을 하고 그에 따른 센서리를 진행하기 때문입니다. 하나의 기준이 아니라 다수의 고객 니즈에 맞춰 진행해야 해서, 많은 로스팅 프로파일을 설계하고 설계된 프로파일대로 결과가 나오는지 관능평가를 통해 퀄리티 컨트롤을 합니다.

결론적으로 스코어링을 통한 관능평가인지, 아니면 품질의 일관성을 위한 관능평가인지가 차이점이라고 생각합니다.

🫘 331로스터스는 고객에게 제공하는 커피의 컵 프로파일을 어떤 방식으로 알리고 있나요?

고객들이 매장에서 구매한 커피에 대해서는 아주 단순하게 설명하려 노력합니다. 스페셜티 커피를 자주 접하지 않거나 관심이 많지 않은 일반 고객들에게는 어려운 컵 프로파일보다 주위에서 쉽게 접할 수 있는 표현으로 프로파일을 설명하려 합니다. 바밤바, 캔디바처럼 쉽게 떠올릴 수 있는 표현으로 말이죠. 참고로 이러한 방식으로 컵 프로파일을 제공할 때 반응이 훨씬 긍정적이었습니다.

🫘 지방에 있는 고객은 커피 맛에 대해 비교적 보수적인 성향을 띠고 있다고 들었습니다. 어떤 점이 가장 다르고 초기에 비해 어떤 점이 달라지고 있을까요?

제가 매장을 운영하고 있는 김천은 상당히 보수적인 커피 성향을 띠고 있다고 생각합니다. 영업을 시작한 8년 전만 하더라도 저희 매장은 '신맛 나는 커피를 파는 카페'로 여겨졌습니다. 그래서 로스팅 프로파일도 다크하진 않지만 산미 톤을 어느 정도 줄이는 쪽으로 잡았고, 여러 커피를 통해서 다양한 산미를 알리기 위해 조금씩 노력했습니다. 현재는 손님들이 신맛 나는 커피라고 말씀하시기보다 비싸고 귀한 커피 파는 집이라는 우스개를 해 주시곤 합니다.

🫘 지금껏 커핑해 본 수많은 커피 중 가장 인상 깊었던 커피와 가장 높은 점수를 줬던 커피는 무엇인가요? 커피 센서리 관점에서 컵 프로파일과 느낌을 중심으로 말씀 부탁합니다.

가장 인상 깊었던 커피는 2018년 코스타리카 COE에 참가해서 접했던 라 미니야 농장의 무산소 내추럴 프로세싱된 커피입니다. 첫 COE에서 엄청난 충격을 준 커피죠. 컵 프로파일은 생략하도록 하겠습니다. 이미 마셔 보지 않은 분이 없을 정도로 유명하니까요. 대회가 끝나고 김동완 대표님과 직접 농장을 방문했던 것과 옥션에서 낙찰받기 위해 새벽 4시까지 혼돈의 밤을 보낸 것도 생각납니다. 결국 낙찰은 받지 못했지만, 다음 해 수입해서 센세이션을 일으켰던 커피로도 기억되네요.

가장 높은 점수를 줬던 건 2022년 멕시코 COE에서 접한 산타 크루즈 Santa Cruz 농장의 게이샤 커피입니다. 산타 크루즈는 2019, 2021, 2022년까지 3년 우승을 차지한 농장으로, 멕시코 커피의 자존심이라고 할 수 있죠. 내추럴 프로세싱임에도 불구하고 게이샤 품종의 복합적인 플레이버가 아주 깨끗하고 선명하게 나타났고, 실키한 질감과 식어도 떨어지지 않는 지속성이 최고였습니다. 더 압권인 건 파란 하늘을 연상시키는 코튼캔디 플레이버였습니다. 제 스코어 시트에 쓸 수 있는 모든 표현을 쏟아 부은 그런 컵입니다. 헤드 저지가 이 컵에 대한 코멘트를 부탁해서 "It felt like I was drinking coffee in heaven(천국의 커피를 맛보는 기분이다)"라고 표현하기도 했죠. 내년에도 다시 멕시코 COE에서 이런 컵을 만나길 바랍니다.

약력

- 331 로스터스(카페) 대표
- 331 커피 로스터스(제조) 대표
- SCA AST
- 2018, 2019, 2022 COE International Jury
- 2018 코리아커피로스팅챔피언십 Korea Coffee Rosing Championship, KCRC 파이널리스트
- 2018, 2019 코리아브루어스컵챔피언십 Korea Brewers Cup, KBrC 센서리 심사위원
- 2019 마스터오브카페 Master of Cafe 밀크 베이스 부문 3위
- 2019 골든커피어워드 Golden Coffee Award, GCA 하우스 블렌딩 부문 3위
- 2019 GCA 밀크 베이스 부문 3위
- 2020 마스터오브카페 필터 부문 Top 10
- 2022 마스터오브카페 리그전 1위

최용주

KCIGS 헤드저지 및 KBrC 심사위원

🫘 자기소개를 부탁합니다.

안녕하세요. 저는 홍대에서 〈디스코플래닛〉을 운영하고 국내 커피대회에서 심사위원으로 활동하고 있는 최용주라고 합니다.

🫘 국내에서는 생소한 코리아커피인굿스피릿 Korea Coffee In Good Spirits, KCIGS 의 심사를 하고 계시죠. 이 대회의 심사위원에게 가장 중요한 센서리 능력은 무엇일까요?

커피인굿스피릿은 다른 일반적인 커피 대회와 달리 스페셜티 커피와 고도수의 스피릿, 여러 가지 시럽과 재료 등을 혼합해 한잔의 커피 칵테일을 만드는 대회입니다. 따라서 사용된 재료들을 명확하게 구분하는 능력과 각 재료의 조화를 판단하는 능력이 매우 중요합니다. 음료로부터 느껴지는 맛과 향 그리고 촉감이 어느 재료에서 기인했는지 알 수 있어야 합니다. 이를 위해서는 커피와 스피릿 모두에 대한 이해가 필요합니다.

🫘 커피와 스피릿의 센서리 접근 관점에 대한 공통점과 차이점을 설명해 주세요.

코로 아로마를 맡고 마신 후에 입안에서 느껴지는 감각과 맛 그리고 비강으로 올라오는 향, 후미를 통해 관능을 평가하는 과정은 커피와 스피릿 모두 같다고 볼 수 있습니다. 그러나 스피릿의 경우 초보자들이 쉽게 넘을 수 없는 큰 산이 존재합니다. 바로 스피릿이 가진 알코올의 향이죠. 커피인굿스피릿에서 가장 흔하게 사용하는 보드카나 진, 위스키의 경우 알코올 도수가 최소 40도이기 때문에 강한 알코올 향을 포함하고 있습니다. 이 스피릿들을 커핑하듯 가까이 코를 박고 아로마를 맡게 되면 강력한 알코올 향이 코를 찌르게 되고, 그로 인한 고통으로 인해 다른 향미를 평가할 수 없게 됩니다.

초보자가 스피릿을 제대로 관능평가하기 위해서는 먼저 향을 모아 주는 노징글라스를 사용해 음료와 적당한 거리를 유지한 채로 잔의 각도를 바꿔 주며 조금씩 향을 맡아야 합니다. 그래도 코가 피로함을 느낀다면, 입을 살짝 벌린 상태로 코와 입을 활용해 숨을 들이마셔 스피릿의 향을 맡는 방법도 있습니다. 이 방법은 코의 의존도와 피로도를 낮추고 입안으로 들어오는 향미가 비강을 통해 후각으로 함께 전달되어 코만 사용하는 방법보다 더 쉽게 향을 맡을 수 있는 방법입니다.

기본적으로 알코올 향은 공기와 접촉하면 천천히 날아갑니다. 병을 열어 놓거나 잔에 따른 후 스월링을 활용해 충분한 시간을 두고 조금씩 마신다면 스피릿 고유의 향과 매력을 온전히 느낄 수 있습니다.

🫘 **바리스타가 갖춰야 할 커피 센서리 능력은 심사위원과 어떤 차이가 있나요?**

심사위원으로서 커피 센서리를 할 때는 조금 더 훈련되고 예민한 감각을 동원해 각 커피들의 사소한 차이와 변별력을 가리는 데 집중한다면, 바리스타로서는 보다 넓고 쉽게 풀어서 손님과의 공감대를 충분히 형성할 수 있는 센서리 능력이 더욱 중요하다고 생각합니다. 나만이 예민하게 잡아낼 수 있거나 고도의 훈련을 통해 느낄 수 있는 결과는 고객들과 공감대를 형성하지 못할 수 있어요. 따라서 바리스타는 누구나 쉽게 공감할 수 있는 커피의 직관적인 향과 맛을 그에 어울리는 언어로 표현할 수 있어야 합니다.

🫘 **매장에서는 어떤 커피를 지향하나요?**

접근성이 좋은 가격에 커피를 판매하고 있어요. 따라서 커피의 화려한 향미와 복합성에 초점을 맞추기보다 부정적인 맛들을 억제하고 단맛과 밸런스에 중점을 두어 대중적으로 편하게 마실 수 있는 커피를 지향하고 있습니다.

☕ 지금껏 커피인굿스피릿에서 맛본 수많은 음료 중 가장 인상 깊었던 음료와 가장 높은 점수를 줬던 음료는 무엇인가요? 센서리 관점에서 컵 프로파일과 느낌을 중심으로 말씀 부탁합니다.

좋은 시연이 많았지만 가장 인상 깊었던 음료는 2022년 대회 때 맛본 음료입니다. 커피와 스피릿을 이용해 한 잔의 IPA 맥주를 표현한 음료였습니다. IPA 맥주는 기존의 페일에일에 조금 더 높은 도수와 다량의 홉을 넣어 씁쓸하고 여러 가지 복합적인 향미가 나는 맥주인데요. 바질과 같은 허브의 향이 뚜렷한 콜롬비아 커피를 사용해 IPA 맥주의 아로마틱하고 허비Herby한 느낌을 표현했고 오렌지가 인퓨징된 보드카로 IPA 맥주의 시트러스한 산미와 향을 입혔습니다. 무엇보다 시트라홉으로 직접 만든 시럽을 사용해 음료의 허비한 느낌과 호피Hoppy함, 시트러스함의 시너지를 더욱 강조해 주었어요. 공식 위스키로 맥아 향을 입히고 탄산을 주입해서 미니어처 맥주병에 제공된 음료는 정말로 복합적인 IPA 맥주 한 잔을 마시는 느낌이었습니다. 무엇보다 개인적으로 이 아이디어에서 놀라웠던 점은 스피릿이라는 고도수의 증류주를 사용하는 대회의 콘셉트를 맥주라는 양조주의 결과물로 비틀어서 제공했다는 것입니다. 콘셉트와 맛 모두에 감탄했던 시연이었습니다.

약력
- 2018~2020 KBrC 심사위원
- 2019~2020, 2022 KCIGS 심사위원
- 2020 KCRC 심사위원
- 2022 CBT Coffee Brewing Tournament 심사위원

국내외 커피 대회 선수가
생각하는 센서리

월드브루어스컵 챔피언 테츠와 코리아 컵테이스터스 Korea Cup Tasters Championship, KCTC 챔피언이자 월드컵테이스터스 World Cup Tasters Championship, WCTC 3위를 차지한 주상민 바리스타, 그리고 국내 바리스타챔피언십 우승자 방현영 바리스타와 마스터오브커핑 Master of Cupping, MOC 챔피언 박건 바리스타까지 다양한 대회에서 우승한 톱 클래스 커피인들의 센서리 이야기에 귀를 기울여 봤습니다.

테츠 카츠야
TETSU KASUYA

2016 월드브루어스컵 챔피언

 자기소개를 부탁합니다.

저는 테츠 카츠야라고 합니다. 일본에 살고 있으며, 아시아인 최초로 2016년에 월드브루어스컵 챔피언이 되었습니다. 현재 일본 도쿄 인근의 치바현에서 '필로코피아 Philocoffea'라는 커피 회사를 운영하고 있습니다. 이와함께 로스터리 한곳과 매장 세 곳을 운영 중입니다. 전 세계와 거래하고 있고 라이트 로스팅만 추구하지는 않습니다. 일본의 전통 스타일인 다크 로스팅까지 다루고 있으며 이는 우리의 목표이자 슬로건인 'Coffee as unique as you(당신만큼이나 독특한 커피)'에 따른 노력입니다. 또한 '커피 노 아루 토코로(コーヒーのあるところ / 커피가 있는 곳이라는 뜻)' 라는 이름의 컨설팅 회사도 운영하고 있습니다. 프로페셔널 바리스타를 양성하고 카페 운영에 도움을 주는 기업이죠. 이곳에서 훈련 중인 바리스타가 올해 SCA 일본 브루어스컵 챔피언이 되어 세계 대회에 나가기도 했습니다.

🫘 세계 최고의 바리스타로서 최고의 바리스타가 되기 위해 필요한 센서리 스킬은 무엇이라고 생각합니까?

제가 최고의 바리스타라고 생각하지는 않지만, 최고의 바리스타가 되기 위해선 당신이 느끼는 맛을 다른 사람들과 공유하라고 말해 주고 싶습니다. 본인만 느끼고 마는 게 아니라 어떤 점이 좋았고 어떤 점이 나빴는지를 누군가와 끊임없이 공유하면 발전할 수 있습니다.

🫘 일본뿐 아니라 전 세계에 스페셜티 커피를 판매한다고 하셨죠. 국가별로 선호하는 센서리 프로파일 등 다른 점이 있습니까?

먼저 일본인은 다크 로스팅을 좋아하고 낮은 산미, 높은 쓴맛을 선호하는 경향이 있습니다. 반면 유럽에서는 라이트 로스팅, 그러니까 산미에 대해 거부감은 없으나 쓴맛은 싫어하는 편이에요. 그래서 저는 한 가지 스타일을 고집하지 않습니다. 커피가 다양하듯 커피를 좋아하는 사람도 다양하다고 생각하기 때문입니다. 특별히 어떤 것이 좋다고 강요하기보다는 그들의 문화와 개성을 존중하고 이해합니다.

🫘 월드브루어스컵 챔피언이 되었을 당시인 2016년에 비해 코치로서 선수를 우승시킨 2022년의 시장은 많이 변했을 거라 생각합니다. 그중 대회용 커피 센서리 프로파일에도 변화가 있었는지요.

대회에서 맛의 트렌드는 산미에서 단맛으로 옮겨 왔다고 생각합니다. 2016년엔 높고 뛰어난 산미에 집중하는 경향이 있었다면, 점점 그것에 대한 중요성이 낮아지고 단맛이 높은 커피를 찾는 추세예요. 그러다 보니 생두 선택, 로스팅, 브루잉도 그것에 초점을 맞추게 됐습니다.

🫘 지금껏 경험한 커피 중 최고의 커피는 무엇이었고 그 커피의 센서리 프로파일은 어땠습니까?

제게 최고의 커피는 '나인티 플러스Ninety Plus'의 실비아Silvia입니다. 2016년 월드브루어스컵에서 사용했던 커피죠. 강렬한 열대 과일 맛을 기반으로 핵과류의 맛이 흩부려져 있었습니다. 특히 온도가 낮아지면서 다이나믹한 변화가 있었는데, 아주 복합적이라 한가지로 표현하기 어려운 맛이었습니다. 그러면서도 매우 클린했던 그 커피를 최고로 꼽습니다.

약력
· 2016 월드브루어스컵 챔피언
· 필로코피아 대표

주상민
2021 월드컵테이스터스 3위

🫘 자기소개를 부탁합니다.

안녕하세요, 2021년 한국 컵테이스터스 국가대표 주상민입니다. 저는 조금 어린 나이에 커피를 시작했습니다. 빠르게 자격증을 준비하고 대회의 선수로 활동하면서 많은 영역의 대회를 경험할 수 있었어요. 고등학교와 대학교 때는 라떼아트와 코리아내셔널바리스타챔피언십 선수로 활동하고, 대학교를 졸업한 후로는 취직을 한 뒤 컵테이스터스 선수로 활동해 왔습니다. 대회를 준비하고 많은 바리스타와 소통하다 보니 제 카페를 차리고 싶다는 마음이 생겨서 지금은 부산에서 <불스커피>를 운영하고 있습니다.

🫘 2021년 한국 대표 월드컵테이스터스 선수로 출전해 3위를 차지했습니다. 커핑 대회의 선수에게 가장 중요한 센서리 능력은 무엇일까요?

모든 것이 중요합니다. 한 영역으로만, 이를테면 플레이버 측면으로만, 혹은 목적성 없는 연습을 하면 안 된다는 것을 말씀드리고 싶습니다. 사람의 구강구조와 식습관은 모두 다릅니다. 자신의 강점과 단점이 다른 선수들과 똑같을 수 없죠. 자신만의 강점을 극대화시키고 단점을 보완한다면, 자신의 퍼포먼스가 가장 빛날 수 있을 거라고 생각합니다. 덧붙여 많은 바리스타가 플레이버 역량에 집중되어 있다는 생각이 듭니다. 하지만 컵테이스터스 선수라면 플레이버에만 몰두하는 것이 아니라 다른 영역의 감각에 집중해 보는 것이 중요할 것 같습니다.

🫘 바리스타로서는 선수 때와 다른 감각으로 커피 프로파일을 작성하고 고객에게 제공할 것 같은데, 어떤가요?

모든 고객들이 공감하고 이해할 수 있도록 최대한 쉽게 작성합니다. 바리스타들은 커피 전문가이기에 커피 업계에서 사용하는 단어와 말들을 즐겨 씁니다. 하지만 대부분의 고객은 커피라는 음료를 즐기는 사람들입니다. 이러한 분들도 충분히 공감하고 오롯이 커피만을 즐길 수 있게 하려면 쉽고 정확하게 작성해야합니다.

🫘 가장 좋아하는 컵 노트와 싫어하는 노트는 무엇이고, 그 이유는 무엇인가요?

가장 좋아하는 컵 노트는 단맛을 중심으로 밸런스가 좋은 플로럴한 커피이고, 선호하지 않는 노트는 거의 없습니다. 커피의 매력은 각기 다르기 때문이죠. 굳이 뽑는다면 발효취가 심한 커피를 덜 선호하긴 합니다. 당연하게 들릴 순 있지만, 디펙트는 좋아하지 않습니다. 생두, 로스팅 등등 다양한 영역에서 디펙트가 발생하죠.

🫘　지금껏 커핑해 본 수많은 커피 중 가장 인상 깊었던 커피와 가장 높은 점수를 줬던 커피는 무엇인가요? 컵 프로파일과 느낌을 중심으로 말씀 부탁합니다.

블라인드 평가를 해서 정확한 이름과 농장이 기억 나지는 않지만, 파나마 게이샤 워시드에 가장 높은 점수를 준 것 같습니다. 아주 엘레강스한 느낌의 커피였습니다. 샴페인을 연상시키는 청량한 마우스필을 지니고 있었고, 플로럴한 느낌은 백합 느낌이 강했습니다. 단맛은 아카시아 꿀 같이 은은했으며 애프터테이스트로 잔잔하고 긴 여운은 마시고 난 뒤의 기분까지 행복하게 만들어 줬습니다. 90점을 줘도 아깝지 않다는 생각이 들 정도였죠.

🫘　끝으로 대회를 준비하는 선수들에게 조언을 남겨 주세요.

대회를 위한 센서리가 아닌, 센서리를 위한 대회라고 생각해 주세요. 대회에는 전략과 룰이 있습니다. 이러한 룰들은 모두 커피의 센서리에서 파생됐습니다. 본질은 대회가 아닌 커피의 센서리입니다. 당연히 센서리를 생각하면서 공부한다면 대회의 성적은 좋을 거라고 생각합니다. 컵테이스터스의 본질 역시 센서리입니다. 공부할 게 많은 영역이지만, 힘내시길 바랍니다!

약력
- 2013 경남 바리스타챔피언십 라떼아트 1위
- 2014 영남 바리스타챔피언십 라떼아트 2위
- 2015 영남 바리스타챔피언십 라떼아트 2위
- 2018 코리아컵테이스터스 국가대표 선발전 5위
- 2018 뉴스커피 커핑토너먼트 1위
- 2019 GSC 커핑토너먼트 세미파이널리스트
- 2019 코리아커피토너먼트 1위
- 2020 코리아컵테이스터스 국가대표 선발전 2위
- 2021 코리아컵테이터스 국가대표 선발
- 2021 월드컵테이스터스 3위

박건

2021 마스터오브커핑 챔피언

 자기소개를 부탁합니다.

안녕하세요. 2021 마스터오브커핑 챔피언, 울산 <어비스로스터스> 소속 박건 바리스타입니다.

 MOC의 룰과 특징에 대해 설명해 주세요.

MOC는 매해 룰이 바뀌는 커핑 대회입니다. 그래서 매년 새롭고 흥미로워요. 2021년엔 총 두 문제가 출제됐습니다. 문제당 레퍼런스 컵(예시 컵) 한 컵과 문제용 다섯 컵, 총 여섯 컵이 주어졌어요. 첫 번째 문제는 에티오피아 블렌딩 레퍼런스 컵과 블렌드에 들어간 원두 두 종, 총 세 개의 컵을 찾는 문제였습니다. 두 번째 문제에선 싱글 레퍼런스 컵, 레퍼런스 컵과 같은 프로세스를 거친 컵, 총 두 개의 컵을 찾아야 했어요. 제출 라인에는 '레퍼런스 컵, 에티오피아, 싱글', '레퍼런스컵, 같은 프로세스'가 적혀 있고 거기에 해당하는 컵을 올려 둬야 정답입니다. 각 문제별로 만점일 시 가산점 1점을 부여받습니다.

당해 대회의 특징은 레퍼런스 컵이 존재한다는 점이었어요. 답을 줄 테니 답을 찾으라는 거죠. 룰은 단순하지만 테이스팅하는 커피에 대해 충분히 이해하지 못한다면 어려운 대회였다고 생각합니다. 예를 들어 레퍼런스 컵을 테이스팅하고 어떤 프로세스인지 파악하지 못하면 정답을 맞추기 어렵습니다. 정답 컵을 찾고 그 컵이 해당하는 곳에 정확하게 답을 제시해야 하기 때문에 더 어려웠던 것 같습니다. 더불어 MOC는 매해 바리스타들에게 미션을 주는 듯한 느낌입니다. 다양한 룰로 센서리 능력을 발휘하면서 대회를 치르게 하죠.

🫘　대회에서 가장 중요한 센서리 능력은 무엇인가요? 그 능력은 노력에 따라 후천적으로 잘 향상되는 편인가요?

개인적으로는 플레이버와 질감을 파악하는 능력을 꼽고 싶습니다. 대회 때 커피에서 느낄 수 있는 특성들 중 바뀌지 않는 것이 플레이버와 질감이라고 생각하거든요. 산미와 단맛은 앞뒤 컵의 강도에 따라 다르게 느껴질 수 있지만, 특징적인 플레이버와 질감은 다른 컵과 비교하면서 답을 찾을 수 있습니다.

플레이버는 관련된 음식이나 정보, 다른 사람들과 함께하는 센서리 디브리핑으로 충분히 향상되는 편입니다. 질감의 경우 프로세스, 그리고 같은 커피라도 로스팅에 따라 다르게 느껴지고 플레이버 관련 역량을 숙련할 때보단 상대적으로 더 많은 노력이 필요하죠. 하지만 역시 꾸준히 연습하면 향상시킬 수 있다고 생각합니다.

🫘　일반 고객의 입장에서 커피를 마실 때는 선수로서 마실 때와 느낌이 다를 것 같습니다. 어떤 점에서 가장 큰 차이가 있나요?

손님일 때는 커피를 느끼는 감각이 1배속으로 지나간다면, 대회에서는 2~3배속으로 지나가는 느낌이에요. 정보 없이 짧은 시간 내에 커피를 분석한 후 답을 맞춰야하기 때문에 머릿속에 들어오는 정보의 양이 다른 것 같습니다. 플레이버, 애프터테이스트, 질감, 단맛, 신맛 등의 기준을 두고 거기에 정보를 계속 대입하면서 답을 찾아 나갑니다. 저는 개인적으로 좋아하는 에티오피아를 기준으로 삼고 있어요.

🫘　지금껏 커핑해 본 수많은 커피 중 가장 인상 깊었던 커피와 가장 높은 점수를 줬던 커피는 무엇인가요? 컵 프로파일과 느낌을 중심으로 말씀 부탁합니다.

가장 인상 깊었던 커피는 2012년 즈음에 마신 에티오피아 첼바 내추럴입니다. 당시 커피에서 느껴보지 못한 딸기 향을 처음으로 접하게 해 줬죠. 졸인 설탕, 입안에 계속 맴도는 딸기, 베리류의 향 그리고 쥬시함이 매력적이었습니다. 에스프레소로 마셨을 땐 딸기, 초콜릿 같은 느낌이었습니다. "이런 향인 것 같은데? 딸기인가?"가 아니라 누가 향을 맡아도 딸기, 베리를 직관적으로 느낄 수 있던 커피라 특별한 기억으로 남아있습니다.

🫘 **커핑을 잘하고 싶은 분들을 위한 조언을 부탁합니다.**

커핑은 분쇄 원두를 커핑 볼에 담아 룰에 맞춰서 해야만 하는 게 아니에요. 평소 마시는 물, 아메리카노, 브루잉 커피, 허브티, 과일티 등 다양한 음료로 커핑을 할 수 있습니다. 주변에서 접할 수 있는 것으로 아로마, 플레이버, 애프터테이스트, 질감, 단맛, 신맛 등 기준점을 두어 센서리를 연습해 보는 것도 좋을 것 같습니다. 그리고 가능하다면 커피를 다양한 방법으로 접해보라고 하고 싶어요. 같은 커피여도 에스프레소, 브루잉 등 추출에 따라 캐릭터가 조금씩 달라지기 때문에 같은 커피를 다양한 방법으로 테이스팅하는 것도 좋습니다.

약력
- 2013 MOC 2위
- 2018 코리아팀바리스타챔피언십 Korea Team Barista Championship, KTBC 우승
- 2020 KTBC 우승
- 2021 KTBC 준우승
- 2021 MOC 우승

방현영

2021 월드바리스타챔피언십 세미 파이널리스트

🫘 자기소개를 부탁합니다.

〈파스텔커피웍스〉에서 헤드로스터를 맡고 있는 방현영입니다.

🫘 2021년 한국 대표로 WBC에 출전했습니다. 이 대회의 선수에게 가장 중요한 센서리 능력은 무엇일까요?

노트를 명확하게 표현하는 능력이 중요하다고 생각합니다. 무수한 향미 분자를 네다섯 개의 단어로 명료하게 표현하기 위해서는 향미 노트 표현이 업계 간 혹은 판매자와 소비자 간의 소통을 위한 '언어'라는 개념을 깨닫고, 보편성, 직관성, 긍정성을 기반으로 표현해야한다는 '커피 언어'의 속성을 온전히 이해해야하기 때문입니다.

🫘 로스터가 갖춰야 할 커피 센서리 능력은 바리스타 대회에 출전한 선수와 어떻게 다를까요?

맛의 흐름을 볼 줄 알아야 한다는 겁니다. 개인적으로 커핑은 세 가지로 나눌 수 있다고 생각합니다. 첫째로 향미 커핑(비즈니스 커핑)입니다. 이를 통해 구매를 목적으로 한 커피의 향미적, 촉감적 매력과 그 품질을 파악하고 가격이 합리적인지 판단할 줄 알아야합니다. 둘째는 프로덕트 커핑입니다. 로스터가 가장 기본적으로 숙지해야하는 커핑으로, 현재 내가 생산하는 커피가 의도한 것과 같게 나오는지 판단하는 커핑이죠. 마지막은 프로파일 커핑인데, 이는 더 나은 결과물을 만들기 위한 커핑으로 현재 내가 하고 있는 프로파일을 대조군으로 변수를 적용한 프로파일과 비교하며 긍정성의 차등을 판단하는 것입니다.

바리스타는 프로덕트 커핑을 반드시 알아야 하고, 로스터는 모두 할 줄 알아야 합니다. 그중에서도 프로덕트 커핑과 프로파일 커핑을 못하면 일을 맡길 수 없습니다. 이 두 가지 커핑을 할 땐, 커피가 혀에 닿는 순간부터 목 넘김 이후까지 이어지는 모든 자극이 어디서 어떻게 느껴지는지 정확히 표현하고, 향의 발산 정도와 함께 무엇보다 맛의 흐름이 어떤 포물선을 그리며 흘러가는지 느낄 줄 알아야합니다.

🫘 **파스텔커피웍스는 고객에게 제공하는 컵 프로파일을 어떤 방식으로 작성하고 있나요?**

기본적으로 제가 가장 많이 맛을 보고 최종 결정합니다. 여러 번 테스트해 본 결과, 우선 '커피적 언어'를 인지하고 습득하기까지 상당히 오랜 시간이 걸립니다. 또한 구성원 간 역량에 차이가 있기 때문에 같은 커피를 각자가 표현할 때 공통되는 단어가 많지 않습니다. 이는 오히려 소비자에게 혼란을 줄 수 있다는 판단 하에 지금의 시스템을 구축하게 됐습니다.

🫘 **각종 대회를 위해 준비하는 커피와 매장에서 제공하는 커피의 컵 프로파일의 가장 큰 차이점은 무엇인가요?**

차이를 두지 않습니다. 노트는 플레이버 휠을 기반으로 보편성, 직관성, 긍정성이라는 기준 아래 만들어집니다. 한편 이번 코리아바리스타챔피언십 Korea National Barista Championshop, KNBC을 겪으며 대회에선 훨씬 더 강하고 직관적으로 표현해야 한다는 것을 느꼈습니다. 소비자는 충분히 느끼고 즐길 여유가 있지만 심사위원은 그렇지 못하죠. 때문에 앞으로 대회의 커피 레시피는 섬세함보단 선명도에 더 초점을 두고 만들 생각입니다.

🫘　에스프레소 관점에서 가장 인상 깊었던 커피와 가장 높은 점수를 줬던 커피에 대해 컵 프로파일과 느낌을 중심으로 말씀 부탁합니다.

제가 에스프레소로 추출했던 것들 중 최고의 산미를 자랑했던 건 3년 전 파나마 에스메랄다 자라밀로^{Jaramillo} 농장의 워시드 게이샤를 따라갈 게 없다고 생각합니다. 게이샤가 쉽게 쓰이는 요즘은 그 맛이 오히려 이전만 못하다는 생각이 강하지만, 어쨌든 게이샤라는 품종의 근본적 우수성은 산미에서 정점으로 드러난다고 생각합니다. 게이샤만이 표현할 수 있는 산미의 입체감과 자라밀로 랏 고유의 선명한 오렌지, 핵과류의 맛은 정말이지 잊히지가 않습니다. 다만 그때 제 로스팅 실력이 부족해 그 커피의 모든 매력을 표현하지 못했던 게 안타깝습니다.

직접 에스프레소로 추출해 보진 못했지만, 향에 있어 최고의 점수를 줄 수 있는 커피 역시 파나마의 게이샤입니다. 개인적으로 파나마 지역 게이샤를 상당히 많이 맛보고 테스트해 왔다고 생각합니다. 트레디셔널 워시드 한정으로 모든 게이샤는 재스민, 백화, 오렌지, 핵과류, 베르가못의 조합이 대부분이며, 이 중 노트 사이에 자연스럽게 생기는 강도의 차등 혹은 밸런스로 그 표현이 거의 이뤄진다고 느껴 왔습니다.

3년 전쯤에 딱 한 번 처음 보는 농장이 베스트오브파나마 워시드 부분에서 1등을 했는데, 제 기억이 맞다면 핀카 소피아^{Finca Sophia} 농장일 겁니다. 이때 샘플로 마셨던 터질 듯이 발산되는 백화 향은 감동을 넘어 당황스럽기까지 했습니다. 향이 이 정도까지 풍성하게 표현될 수 있구나 싶었어요. 오히려 맛이 곁들여지는 느낌까지 들었던 그 커피가 제겐 점수로 표현할 수 없을 정도로 인상적인 커피입니다.

게이샤를 쉽게 쓰는 요즘, 다양한 테루아와 품종의 조합을 경험하게 해드려야 하는 입장으로서 왠지 모를 안타까움마저 느껴져 게이샤를 일부러 구매하지 않고 있습니다. 하지만 게이샤라는 품종의 우수성과 파나마 바루화산 테루아의 조합이 최고라는 수식엔 어떤 이견도 없습니다.

커피 대회도 나가볼래요!

약력
· 파스텔커피웍스 헤드로스터
· 2017 KCIGS 2위
· 2019 KBrC 4위
· 2020 KNBC 챔피언
· 2021 WBC 국가대표 세미파이널리스트
· 2022 KNBC 6위

컵 프로파일의 흐름

많은 사람이 산지별로 커피 맛이 어떻게 다른지 궁금해 합니다. 몇 년 전만해도 '나는 브라질 커피가 좋아'라거나 '커피는 에티오피아가 최고지!'와 같이 특정 나라나 산지를 찾는 경향이 두드러졌습니다. 커피를 공부하는 사람이 늘고 다양한 커피가 널리 알려지면서 이러한 경향이 많이 희석되긴 했습니다만, 여전히 커피 맛을 오로지 산지로 나누는 분이 많은 게 사실입니다. 실제로도 그럴까요? 지난해 COE 결과를 통해 각 대륙 및 나라별로 어떤 프로파일이 많이 나왔는지 살펴보겠습니다.

커피 산지별 프로파일링

아프리카

2021년 에티오피아 COE 1위	
점수	90.5
낙찰가	$140.20/lb (1lb)
농장	타미루Tamiru / 알로 커피Alo Coffee
품종	74165
프로세스	무산소 내추럴
총평	콤플렉스, 포도, 복숭아, 향수 같은, 스트럭쳐
아로마/플레이버	플로럴, 파인애플, 캔디, 청사과, 리치, 밀크 초콜릿, 패션프루트, 복숭아, 라즈베리, 살구, 블랙커런트, 브라운 스파이스, 캐러멜, 시트러스, 콜라, 크랜베리, 이국적인, 진, 포도, 재스민, 키위, 레몬, 라임, 만다린 오렌지, 오렌지 블라섬, 건포도, 장미, 스파클링, 딸기, 열대 과일, 바닐라, 청포도
산미	콤플렉스, 스파클링, 브라이트, 시트릭, 딸기, 타르타릭, 투명한, 바이브런트, 요거트

에티오피아 COE 1위 농장주 타미루

남미

2021년 브라질 COE 1위	
점수	90.5
낙찰가	$61.00/lb (1b)
농장	파젠다 카쇼에이라 Fazenda Cachoeira
품종	옐로우 카투아이
프로세스	내추럴
총평	주시, 밀크 초콜릿, 부드러운, 시럽 같은, 열대 과일
아로마/플레이버	카카오닙스, 딸기, 사과, 블루베리, 체리, 브라운 스파이스, 카베르네 소비뇽와인, 시나몬, 콩코드 포도, 다크럼, 말린 망고, 밸런스 있게 발효된, 과일절임, 재스민, 라임제스트, 만다린 오렌지, 파인애플, 자두, 보라색 포도, 바닐라, 청포도, 백도, 화이트 와인
산미	말릭, 타르타릭, 아세틱, 넥타린

중미

2021년 과테말라 COE 1위	
점수	90.51
낙찰가	$50.30/lb (1b)
농장	엘 인헤르토 El Injerto
품종	게이샤
프로세스	워시드
총평	코코아 파우더, 콤플렉스
아로마/플레이버	리치, 블랙티, 배, 살구, 브라운 스파이스, 캔디, 체리, 시나몬, 시트러스, 정향, 콜라, 에티오피아 같은, 청사과, 청자두, 꿀, 재스민, 레몬, 라임, 레몬 그린티, 레몬그라스, 몰트, 만다린 오렌지, 망고, 메이플시럽, 밀크 초콜릿, 견과류, 오렌지, 패션프루트, 복숭아, 향수, 라즈베리, 레드커런트, 볶은 땅콩, 열대 과일, 수박
산미	시트릭, 시트러스한 과일, 콤플렉스, 다이나믹, 자몽, 말릭, 만다린 오렌지

엘 인헤르토 농장주 　　　　　산타 루시아 농장주

2021년 온두라스 COE 1위	
점수	90.67
낙찰가	$58.50/lb (1a)
농장	산타 루시아 Santa Lucia
품종	게이샤
프로세스	워시드
총평	블랙티, 캔디, 체리, 라임, 긴 단맛
아로마/플레이버	재스민, 플로럴, 블랙티, 레몬, 라임, 파인애플, 아몬드, 살구, 베르가못, 브라운 슈가, 캔디, 커피 꽃, 후추, 청자두, 히비스커스, 꿀, 레몬, 레몬티, 레몬그라스, 리치, 밀크 초콜릿, 오렌지, 오렌지 블라섬, 패션프루트, 복숭아, 배, 건포도, 라즈베리, 레드 커런트, 장미, 리치, 티 로즈, 바닐라, 황도
산미	시트러스, 브라이트, 콤플렉스, 크리스피, 청사과, 재스민, 복숭아, 장미, 스파클링, 톡 쏘는, 청포도

2021년 멕시코 COE 1위	
점수	91.58
낙찰가	$55.80/lb (1a)
농장	산타 크루즈 Santa Cruz
품종	게이샤
프로세스	내추럴
총평	클린 & 밸런스, 콤플렉스, 복잡한 꽃향기, 엘레강스, 구조감, 노란 과일
아로마/플레이버	재스민, 복숭아, 오렌지, 복숭아, 레몬, 리치, 딸기, 열대 과일, 사과, 베르가못, 베리, 블랙커런트, 블랙티, 블랙베리, 블루베리, 브라운 슈가, 캔디, 시나몬, 콤플렉스, 크랜베리, 자몽, 청포도, 구아바, 허브 같은, 히비스커스, 허니듀, 재스민, 키위, 레몬캔디, 레몬그라스, 라임, 망고, 밀크 초콜릿, 오렌지 블라섬, 배, 자두, 볶은 아몬드, 장미, 스타아니스, 백도, 화이트 와인
산미	브라이트, 시트릭, 청사과, 라임, 콤플렉스, 레몬, 말릭, 스파클링, 스위트, 청포도

좌측의 인물이 멕시코 COE 1위 농장주

아시아

2021년 인도네시아 COE 1위	
점수	89.28
낙찰가	$80.00/lb
농장	빤탄 무사라 Pantan Musara
품종	아뜽, 버번, P88
프로세스	허니
총평	블랙티, 브라운 스파이스, 정향, 크랜베리, 링거링, 실키
아로마/플레이버	복숭아, 블랙커런트, 블랙티, 브라운 슈가, 자두, 사과, 살구, 베리, 카카오닙스, 체리, 시트러스, 크랜베리, 허니듀, 재스민, 레몬, 몰트, 머스캣, 넥타린, 패션프루트, 말린 자두, 적포도, 바닐라
산미	브라이트, 시트릭, 말릭, 구조감, 스위트, 생동감있는

표를 보면 각 대륙별로 컵 프로파일에서 확실한 차이가 나타납니다. 먼저 아프리카로 가보겠습니다. 커피의 고향이자 원산지인 에티오피아는 2021년 COE 1위인 타미루의 농장 외에도 대부분의 커피에서 포도나 복숭아 그리고 베리류의 과일이나 산미를 느끼기 쉽습니다. 그중에서도 1위 농장의 커피는 매우 복잡하고 탄산감이 넘치는 산미를 통해 이런 과일 톤을 극대화시킨 것으로 보입니다. 이렇듯 아프리카, 특히 에티오피아 커피는 포스포릭산이나 스파클링한 산미가 여러 가지 과일 위에 잘 어우러져 있는 편입니다.

그러나 남미의 대표국이자 전 세계 최대 커피 생산국인 브라질은 고도가 낮은 지역에서 게이샤보다는 카투아이 등을 주로 생산합니다. 또한 대부분을 내추럴로 가공하는 산지 특성상 강렬한 과일 톤의 프로파일보다는 단맛 위주의 초콜릿이나 견과류 톤의 커피가 많이 재배됩니다. 1위 또한 그러한데 타 국가의 1위와 달리 조금 단순해 보이는 프로파일이 형성되어 있고 카카오닙스나 브라운 스파이스 등 독특한 향미도 가지고 있음을 확인할 수 있습니다.

중미는 커피 산지가 워낙 많고 미기후와 복잡한 지형으로 인해 나라별로 커피의 특징에서 편차가 많이 나곤 합니다. 그래서 세 곳의 산지를 뽑아봤는데, 공통적으로 게이샤가 초강세를 보입니다. 세 곳 모두 게이샤 품종으로 1위를 차지했고, 그중에서도 워시드가 높은 점수를 받았습니다. 물론 멕시코의 1위 커피는 내추럴 가공을 거치긴 했지만 1위 외의 출품 현황과 스코어를 살펴보면 전반적으로 워시드 게이샤가 확실히 우세를 보입니다.

그러다 보니 커피의 프로파일도 비슷합니다. 에티오피아의 게이샤 품종이 코스타리카를 거쳐서 여러 중미로 퍼져 나갔기 때문이에요. 언뜻 '커피 맛은 거기서 거기'로 보이지만 재스민, 베르가못, 얼그레이 등의 게이샤 플레이버는 뚜렷하게 드러나는 반면, 커퍼들의 역치가 낮지 않으면 구분하기 힘든 다양한 꽃과 과일이 풍성하게 깔려 있습니다. 따라서 커피를 공부한다면 가장 어려울 수 있는 지역이고, 다양한 프로파일에 대한 경험이 있어야 여러 가지 맛을 찾아낼 수 있는 곳이기도 합니다. 그만큼 재미있고 또 어려운 지역이죠. 중미의 커피는 지역적인 차이보다는 농장이 추구하는 방향이나 프로세스, 혹은 농장이 위치한 지역적인 환경이 맛의 차이를 훨씬 크게 만드는 편입니다.

끝으로 아시아 쪽 산지로 넘어오면 지역적인 차이가 극대화됩니다. 지난해 아시아 최초로 COE를 개최한 산지, 인도네시아에선 1위 커피도 90점을 넘기지 못했습니다. 아무래도 첫 개최이기도 했고 아시아의 커피 환경이나 기술이 아직 완성 단계에 이르지 못한 것도 원인입니다. 향신료 계열의 맛이 상당수를 차지하고 있어서 전통적인 게이샤를 추구하는 커퍼들 사이에서는 선택받기 힘든 스타일인데, 그만큼 맛이 독특해서 분명한 고유의 영역을 점하고 있습니다. 전체적인 프로파일이 단순하지만 앞으로 큰 기대를 모을 수 있는 지역입니다.

지금까지 대륙별 커피 맛을 살펴봤습니다. 1위만 추렸기 때문에 다소 부족한 데이터가 될 수도 있지만, 대륙과 나라별로 차이가 존재한다는 것은 커피의 분명한 특징입니다. 하지만 최근에는 서로 품종을 교환하고 기술을 교류하면서 그 차이가 좁혀지고 있습니다. 우리나라의 이천쌀과 여주쌀이 비슷한 듯 다르게 서로 발전해 온 것처럼 커피도 어떤 면에서는 극복하기 어려운 차이점을 갖고 있지만, 다른 측면에선 소비자들이 원하는 프로파일을 찾아 나아가고 있다는 것도 사실입니다.

시대별 프로파일링

나라별 차이점을 살펴봤으니 이제 시대별로도 나눠 보도록 하겠습니다. 커핑 프로파일이 처음 기재되기 시작한 2009년 코스타리카 COE의 1위 농장은 벨라 비스타^{Bella Vista}로 내추럴 프로세스의 카투라 품종으로 우승했었습니다. 커핑 프로파일에서 적포도와 블랙베리, 다크 초콜릿, 버터가 보이네요. 2위는 푸에고^{Fuego} 농장의 것으로 내추럴 프로세스의 비야 사치 품종이었습니다. 주요 프로파일로 초콜릿, 견과류, 담뱃잎이 적혀 있군요. 3위 커피는 과일 느낌과 견과류 톤을 보유하고 있네요. 요즘 탑 클래스 커피의 프로파일과 비교해서 어떤 것 같나요? 자, 그럼 1위부터 10위까지의 프로파일을 자세히 살펴보겠습니다.

2009년 코스타리카 COE Top10 커피 프로파일

1. Bella Vista

점수	90.00
낙찰가	15.45 USD/lb
품종	카투라
프로세스	내추럴
아로마/플레이버	적포도, 블랙베리, 달콤한 라임, 허니, 다크 초콜릿, 버터, 망고
산미	구조감, 브라이트, 주시, 활기찬
기타	부드러운, 크리미, 긴 여운, 밸런스, 다차원의

2. Fuego

점수	89.35
낙찰가	10.55 USD/lb
품종	비야사치
프로세스	내추럴
아로마/플레이버	체리, 초콜릿, 과일, 견과류, 꿀, 사과, 오렌지, 담뱃잎
산미	밸런스가 좋은, 오렌지 같은, 톡 쏘는
기타	벨벳 같은, 버터 같은, 소프트한

3. Calle de Copey

점수	89.12
낙찰가	8.65 USD/lb
품종	카투라
프로세스	내추럴
아로마/플레이버	프루티, 콤플렉스, 스위트, 복숭아, 꿀, 베리, 멜론, 버번위스키, 바닐라, 볶은 견과류, 체리
산미	브라이트, 크리스피, 파인애플, 사과, 복숭아
기타	스위트, 크리미, 밸런스가 좋은

4. Finca Barrantes

점수	89.06
낙찰가	8.85 USD/lb
품종	카투라 / 비야사치
프로세스	내추럴
아로마/플레이버	딸기, 블랙베리, 캐러멜, 초콜릿, 커런트, 체리, 꿀, 레몬 같은 오렌지, 키위
산미	강한 산미, 구조감, 브라이트
기타	벨벳 같은

5. Cafetin

점수	88.85
낙찰가	8.15 USD/lb
품종	카투라 / 일부는 버번
프로세스	내추럴
아로마/플레이버	스위트, 캐러멜, 초콜릿, 베이커스 초콜릿, 크리미한 레몬 파이, 담뱃잎, 다크체리
산미	오렌지 같은, 주시, 리파인드, 밸런스가 좋은
기타	꽉찬 느낌의 촉감, 완성된 느낌, 콤플렉스

6. La Planada

점수	88.53
낙찰가	7.20 USD/lb
품종	카투라 / 비야사치
프로세스	내추럴
아로마/플레이버	프루티, 스위트, 견과류, 향신료들, 향수 같은 향기, 블랙커런트, 레몬, 밀크 초콜릿
산미	타르트, 엘레강스, 잘 익고 부드러운, 고급 레몬
기타	리치한 바디감, 레몬 제스트의 마무리, 긴 여운

7. Corralillo

점수	88.35
낙찰가	7.30 USD/lb
품종	카투라 / 카투아이
프로세스	세미 워시드
아로마/플레이버	오트밀, 견과류가 박힌 초콜릿, 사과, 볶은 아몬드, 캐러멜, 꿀, 밀크 초콜릿, 청포도
산미	브라이트, 크리스피, 엘레강스, 콤플렉스, 살아있는
기타	폭발하는 민트 향, 시럽 같은, 밸런스

8. San Pedro

점수	87.74
낙찰가	7.10 USD/lb
품종	카투라
프로세스	내추럴
아로마/플레이버	초콜릿, 체리, 블루베리, 희미한 라임향, 플로럴, 허니서클, 자몽, 블랙체리, 크림, 바닐라, 포도사탕
산미	리파인드, 즐거운, 톡 쏘는, 과일같은
기타	식으면 더 좋은, 스무스, 벨벳 같은 여운, 말린 과일, 향수

9. Bello Horizonte

점수	87.32
낙찰가	6.75 USD/lb
품종	카투라
프로세스	내추럴
아로마/플레이버	아주 달콤한, 오렌지, 초콜릿, 버터, 체리, 크림, 살구, 청사과, 베리, 핵과류
산미	브라이트, 좋은
기타	레몬 같은

10. El Pedregal	
점수	86.11
낙찰가	6.85 USD/lb
품종	카투라 / 카투아이 옐로우
프로세스	내추럴
아로마/플레이버	오렌지, 다크 초콜릿, 버터리, 피칸, 딸기, 버터가 들어간 통밀 토스트, 캐러멜
산미	스파클링, 밸런스가 좋은, 단단한
기타	레몬 같은

전체적으로 현재의 커피와 비슷한 것도 많지만 초콜릿이나 견과류 톤이 요즘보다 많고, 무엇보다 프로파일이 비교적 단순한 느낌이군요. 오트밀처럼 요즘에는 보기 힘들고 인기도 덜한 프로파일이 높은 순위에 있기도 합니다. 그리고 오렌지나 레몬 등 밝은 산미 위주로 시트릭산 등 한정적인 범위 안에서만 산미가 감지되었습니다. 그도 그럴 것이 우선 품종이 단순했고 게이샤가 인기인 요즘과 달리 카투라가 1위를 비롯한 대부분의 순위를 차지하며 인기를 끌었습니다. 프로세스도 내추럴이 대세였던 만큼 비슷한 테루아에서 커피도 큰 차이를 낼 수 없었던 것으로 보입니다. 이 흐름은 가격으로도 이어집니다. 요즘과 물가가 다르긴 하지만 10위는 파운드당 6달러대, 1위도 약 15달러 선으로 비교적 낮은 가격대에 낙찰되었음을 알 수 있습니다.

9년 후 진행된 대회에서는 어땠을까요? 이 대회에는 제가 심사관으로 참여했었기 때문에 정확히 기억하고 있습니다. 표를 먼저 보시죠.

2018년 코스타리카 COE Top10 커피 프로파일

1. Don Cayito	
점수	91.29
낙찰가	$111.21/lb
프로세스	허니
품종	게이샤
아로마/플레이버	라벤더, 재스민, 장미, 허니듀, 베르가못, 망고, 블랙커런트, 레몬껍질, 바닐라, 메이플시럽, 흰 자두, 캐러멜, 사과
산미	타르타릭, 말릭, 콤플렉스, 리파인드, 감미로운 산미
기타	빨간 사과로 시작해서 청사과로 끝나는 맛, 둥글고 구조감 있는, 우아한, 시럽 같은, 투명한

2. Don Antonio	
점수	91.15
낙찰가	$59.58/lb
프로세스	허니
품종	게이샤
아로마/플레이버	재스민, 복숭아, 라벤더, 살구, 배로 만든 잼, 말린 체리, 청포도, 브라운 슈가, 잘 익은 사과, 베르가못, 패션프루트, 블랙커런트, 리치, 블루베리, 수박
산미	타르타릭, 시트릭, 스파클링
기타	얼그레이티, 이국적인, 슈퍼클린, 강렬한 단맛, 긴 여운

3. La Union	
점수	90.59
낙찰가	$30.10/lb
프로세스	내추럴

품종	비야사치
아로마/플레이버	멀베리, 망고, 귤, 살구, 복숭아, 리치, 블랙커런트, 자몽, 라즈베리
산미	말릭, 오렌지, 레몬, 주시, 클린, 리파인드
기타	코코아의 끝맛, 아주 달콤한, 긴 단맛의 여운, 벨벳 같은 촉감, 다차원의

4. La Minilla

점수	90.41
낙찰가	$70.20/lb
프로세스	무산소 내추럴
품종	비야사치, 카투라
아로마/플레이버	시나몬, 넛맥, 졸인 사과, 진저브레드, 캔털루프, 빨간 사과, 플레인 요거트, 코코넛, 자두, 건포도, 애플파이
산미	락틱, 주목받는, 시트릭, 말릭
기타	리치한 바디감, 긴 여운, 호불호가 극명한, 달콤한 향신료의 끝맛, 초콜릿의 뒷맛, 이국적인, 크리미한

5. Chispita

점수	90.35
낙찰가	$22.10/lb
프로세스	워시드
품종	케니아
아로마/플레이버	적포도, 패션프루트, 파인애플, 바닐라, 라임, 핵과류, 자두, 엘더플라워, 빨간 자몽, 사탕수수, 귤, 블래기, 삼나무, 담뱃잎, 와인 같은, 장미, 위스키
산미	스파클링, 시트릭, 타르타릭, 포스포릭, 리파인드, 크리스피
기타	다차원의, 콤플렉스, 링거링, 아주 달콤한, 꿀, 침이 고이는

6. Finca La Loma

점수	90.06
낙찰가	$26.70/lb
프로세스	허니
품종	게이샤
아로마/플레이버	블루베리, 오렌지 블라섬, 핵과류, 자두, 블랙커런트, 귤, 포도사탕, 사과주스, 열대과일, 망고, 로즈힙, 코코아, 민트
산미	복합적인 산미, 말릭, 오렌지 껍질의 산미, 샴페인
기타	크리스탈 같은, 실키한 마우스필, 부드러운, 엘레강스, 강렬한, 두꺼운, 시럽 같은, 좋은 후미

7. Don Dario

점수	89.47
낙찰가	$28.42/lb
프로세스	워시드
품종	게이샤
아로마/플레이버	살구, 캔디 같은, 솔티드 캐러멜, 레몬사탕, 키위, 파파야, 노란 포도, 황도
산미	시트릭, 말릭, 브라이트
기타	버터 같은 촉감, 부드러운, 실키한, 고급스러운, 시럽 같은

8. El Diamante

점수	89.41
낙찰가	$18.20/lb
프로세스	무산소
품종	카투라, 카투아이
아로마/플레이버	브라운 슈가, 시나몬, 정향, 다크 초콜릿, 당밀, 라임주스, 졸인 사과, 딸기, 블랙티, 배, 아니스, 수박
산미	타르타릭, 포스포릭, 락틱

기타	초콜릿 비스킷, 꽉찬 바디감, 크리스피

9. Finca La Pastora

점수	89.35
낙찰가	$10.11/lb
프로세스	허니
품종	빌라로보스 / 카투아이
아로마/플레이버	초콜릿, 버터스카치, 캐러멜, 솜사탕, 복숭아, 사탕수수, 자몽, 라즈베리, 레몬그라스
산미	시트릭, 라운드, 톡 쏘는, 청포도
기타	아주 달콤한, 아주 쥬시한, 아주 밸런스가 좋은

10. Santa Teresa

점수	89.00
낙찰가	$13.20/lb
프로세스	워시드
품종	게이샤
아로마/플레이버	복숭아, 빨간 과일, 꿀, 사탕수수, 타마린드, 레몬사탕, 핵과류, 빨간사과, 밀크 초콜릿, 캐러멜 캔디바
산미	말릭, 시트릭
기타	우아한, 부드러운, 크리미, 엘레강스, 초콜릿

보시다시피 재스민이나 베르가못 중심의 플로럴 톤 프로파일이 많습니다. 이 현상이 두드러진 것은 품종의 다변화를 통해 게이샤 등의 커피가 본격적으로 퍼지기 시작한 시기와 일치해요. 커피의 센서리 프로파일링이 몇 년 사이에 완전히 바뀌었다는 것을 알 수 있네요. 산미는 타르타릭산과 말릭산이 가장 선호되고, 특히 여러 종류가 함께 드러나는 컴플렉스한 산미가 최우선시되는 것을 볼 수 있습니다.

또 한 가지 눈여겨 봐야 하는 것은 프로세싱입니다. 내추럴 위주였던 기존과 달리 1위를 비롯한 상당수의 커피가 허니 프로세스를 채택했습니다. 그간 코스타리카의 프로세싱에 대한 인식과 기술이 많이 발전했다는 뜻이죠.

Top 10 모두 우리가 잘 아는 농장들로 구성되어 있네요. 10위인 산타 테레사는 Santa Teresa 파운드당 13달러대, 1위인 돈 카이토 Don Cayito는 무려 100달러를 넘겨 역대 신기록을 쓰게 됩니다. 사실 이때부터는 90점이 넘는 프레지덴셜급 커피는 한 업체가 독점하기보다 더 많은 소비자가 경험해 볼 수 있도록 반씩 배분해서 A랏과 B랏으로 나누어 경매가 진행되곤 했어요. 위 가격은 모두 A랏과 B랏 중 낮은 가격을 적은 것으로, 여기엔 다 이유가 있습니다. 1위 돈 카이토 농장의 A랏을 일본의 업체가 낙찰받았는데, 경매 과정에서 실수로 기입된 300달러가 최종가격이 되었거든요. 그래서 역대 COE 최고가는 현재까지도 300달러가 넘는 이 커피가 점하고 있고, 당분간은 기록이 경신되기 힘들 것으로 보입니다.

어쨌거나 결국 같은 커피지만 1위의 A랏은 파운드당 300달러에, 똑같은 1위의 B랏은 파운드당 100달러에 마실 수 있게 됐습니다. 이 책을 보는 분들께는 맛이 중요할 테니, 같은 커피라면 저렴하게 판매하는 곳에서 구입하면 되겠군요.

2018년은 또 하나의 이변이 일어난 해이기도 합니다. 점수로는 4위인 라 미니야가 2위인 돈 마요 Don Mayo를 제치고 낙찰가 2위에 오른 것입니다. 라 미니야는 무산소 발효 프로세스의 장인이라 불리는 에스테반 Esteban이 이끄는 농장으로 8위인 엘 디아만테와 함께 Top 10에 커피를 진입시켰습니다. 심지어 경매가 조금만 더 과열되었다면 1위보다도 경매가가 높았을지도 몰라요.

이로 인해 커피 센서리 프로파일링에는 큰 변화가 일어납니다. 2018년은 무산소 발효 프로세스가 본격적으로 시장의 주목을 받은 시기이자, 라 미니야와 엘 디아만테가 이 가공방식으로 세상에 이름을 알린 해입니다. 덕분에 기존에 보기 드물었던 프로파일이 형성됐고, 시나몬을 비롯해 넛맥과 정향 같은 향신료 계열의 프로파일이 인기를 끌게 됩니다. 이런 프로파일은 과일 톤과 잘 어우러져서 애플파이나 추로스 같은 느낌의 좋은 커피를 등장시키는 효과를 낳았죠.

무산소 발효의 장인, 에스테반

하지만 무엇이 새롭게 등장할 때는 충돌이 일어나기 마련이죠. 이때 심사위원들의 칼리브레이션이 난항을 겪게 됩니다. 누군가는 이런 커피에 매우 높은 점수를 줘야 한다고 주장했고, 또 다른 누군가는 매우 낮은 점수를 줘야 한다고 해서 열띤 토론을 통해 합의점을 찾아가야 했습니다.

또한 공통적으로 플레이버가 조화를 이루게 해 주는 락틱산을 갖고 있습니다. 락틱산은 무산소 가공을 통해 등장한 새로운 산미 프로파일이에요. 기존에는 이론상으로만 존재했으나, 이로써 락틱산을 사람들이 직접 느낄 수 있게 됐습니다.

농장의 프로세싱 담당자인 에스테반이 밝힌 무산소 발효 프로세스의 큰 틀은 압력 탱크에 생두와 커피 체리에서 채취한 점액질을 함께 넣고 산소의 움직임을 최소화시키는 것입니다. 이때 압력탱크에 설치한 온도계와 압력계 수치를 확인하며 과발효가 일어나지 않도록 조절한다고 해요. 이러한 무산소 발효가 널리 알려지면서 커피 맛에 영향을 미치는 주요 요인으로 발효 과정이 주목받게 됐습니다.

최근에는 무산소 발효를 넘어서 실제 과일이나 허브를 넣고 발효시키거나 특정 향을 만드는 미생물을 첨가해서 가공하는 프로세싱이 많아졌습니다. 커피에선 자연적으로 발생할 수 없는 인공적인 향이 난다고 주장하는 쪽과 그렇지 않다는 쪽이 첨예한 논쟁을 벌이고 있어요. 꾸준한 논의를 거쳐 추후에는 이들도 새로운 장르로 인정받게 되지 않을까 짐작해 봅니다. 현재는 COE에서 이러한 커피가 등장하면 몇 가지 조사를 거쳐 대회 퇴출 여부를 판단하고 있지만요.

다음으로는 2022년 COE의 결과를 보고 이야기를 나눠보겠습니다.

2022년 코스타리카 COE Top10 커피 프로파일

1. Don Cayito	
점수	91.08
낙찰가	$138.60
프로세스	허니
품종	게이샤
총평	밝고 일정한, 콤플렉스하고 강렬한 맛, 전체적으로 달콤한, 세련되고 복잡한, 다양한 열대 과일의 맛, 아주 달콤한
아로마/플레이버	복숭아, 파인애플, 딸기, 리치, 장미, 로즈힙, 사과, 캐러멜, 플로럴, 허니듀, 재스민, 망고, 오렌지, 라즈베리, 살구, 베리, 블랙체리, 블랙커런트, 블루베리, 브라운 스파이스, 브라운 슈가, 카카오닙스, 캔디, 체리, 콩코드 포도, 요거트
산미	시트릭, 복합적인 산미, 포도, 구조감이 좋은 산미, 베리, 시트러스한 과일, 쥬시한, 살아 있는, 말릭, 스파클링, 딸기, 달콤한 라임, 열대 과일의 산미, 생동감이 넘치는 산미

2. El Cedro - Hacienda San Isidro Labra

점수	90.06
낙찰가	$61.50/lb
프로세스	허니
품종	게이샤
총평	복합적이고 강렬한 꽃향, 크리미한 마우스필, 크리스피하고 달콤한, 우아한, 엘레강스, 꽃향
아로마/플레이버	플로럴, 블랙티, 베르가못, 캐러멜, 블랙체리, 브라운 슈가, 자몽, 재스민, 오렌지, 복숭아, 사과, 살구, 블랙베리, 블루베리, 살짝 탄 설탕, 시트러스, 다크 초콜릿, 말린 과일, 얼그레이, 신선한 버터, 포도, 청사과, 녹차, 허니듀, 라벤더, 민트, 파파야, 파인애플, 빨간 사과, 스타프루트, 딸기, 담뱃잎, 열대 과일, 바닐라
산미	핵과류, 베르가못, 시트릭, 엘레강스, 청사과, 말릭, 마일드한, 빨간 사과, 스파클링

3. Los Toños

점수	90.00
낙찰가	$43.20/lb
프로세스	무산소
품종	밀레니엄
총평	카카오닙스, 콤플렉스, 깔끔한 맛, 향수, 구조감 있는, 단맛 좋은, 열대 과일
아로마/플레이버	블랙베리, 히비스커스, 카카오닙스, 블랙커런트, 블랙티, 복숭아, 파인애플, 자두, 라즈베리, 과일사탕, 캐러멜, 시나몬, 정향, 코코아 파우더, 콩코드 포도, 다크럼, 말린 과일, 말린 나무, 플로럴, 청사과, 꿀, 잭프루트, 재스민, 허니서클, 쥬시, 메이플시럽, 민트, 다양한 베리들, 당밀, 머스캣
산미	베리, 브라이트, 포도, 청사과, 꿀, 레몬과 라임, 말릭, 라운드, 스파클링, 핵과류, 딸기잼, 구조감 좋은 말릭과 타르타릭

4. Fcj Volcan Azul El Cedro	
점수	89.78
낙찰가	$66.00/lb
프로세스	무산소
품종	게이샤
총평	베리, 브라이트, 복합적이고 시너지가 있는, 좋은 산미, 주시, 전반적으로 달콤한, 패션프루트, 열대 과일
아로마/플레이버	복숭아, 라즈베리, 빨간 사과, 딸기, 체리, 플로럴, 포도, 자몽, 히비스커스, 라임, 망고, 파인애플, 포멜로, 적포도, 장미, 열대 과일, 아가베, 베리, 블랙베리, 다크 초콜릿, 꿀, 레몬, 리치, 말릭, 몰트, 마멀레이드, 오렌지, 패션프루트, 레드커런트, 바닐라
산미	시트러스, 크리스피, 포도, 구아바, 락틱, 생동감 있고 스파클링한, 말릭, 마일드, 패션프루트, 복숭아, 리슬링 와인, 활기 넘치는

5. Burío	
점수	89.61
낙찰가	$61.50/lb
프로세스	허니
품종	케니아
총평	유지력 좋은, 밝고 깨끗한, 높은 산미, 레몬, 전반적으로 달콤한, 복숭아, 아주 과일 같은, 클린컵, 시트러스한 열대 과일
아로마/플레이버	자두, 체리, 자몽, 당밀, 빨간 사과, 핵과류, 살구, 캐러멜, 말린 대추, 플로럴, 포도, 꿀, 만다린 오렌지, 오렌지, 복숭아, 라즈베리, 사과, 블루베리, 초콜릿, 청사과, 청포도, 녹차, 헤이즐넛, 히비스커스, 라임, 파파야, 건포도, 레드커런트, 사탕수수, 타마린드
산미	브라이트, 아세틱, 베리, 시트릭, 포도, 레몬, 말릭, 자두, 핵과류, 타마린드, 생동감 있는

6. Don Eli

점수	89.28
낙찰가	$85.50/lb
프로세스	내추럴
품종	게이샤
총평	베리, 깨끗하고 다양한 맛, 콤플렉스, 유지력 좋고 쥬시한, 포도, 긴 여운
아로마/플레이버	플로럴, 딸기, 레몬, 밀크 초콜릿, 빨간 사과, 핵과류, 블루베리, 복숭아, 라즈베리, 아몬드, 블랙커런트, 풍선껌, 엘더플라워, 생강, 포도, 구아바, 헤이즐넛, 꿀, 재스민, 허니서클, 만다린 오렌지, 망고, 다양한 베리류, 포멜로
산미	포도, 사과 같은, 체리, 시트릭, 청사과, 락틱, 말릭, 스파클링한 시트러스함, 핵과류, 귤, 열대 과일

7. La Bandera

점수	89.22
낙찰가	$22.70/lb
프로세스	워시드
품종	게이샤
총평	엘레강스, 강렬하게 부서지는 듯한, 녹차, 전반적으로 달콤한, 부드러우면서 유지력이 좋은, 여러가지 차 같은 느낌
아로마/플레이버	꿀, 빨간 사과, 브라운 슈가, 재스민, 복숭아, 다크 초콜릿, 플로럴, 오렌지, 자두, 살구, 베르가못, 베리, 블랙티, 브라운 스파이스, 카카오닙스, 체리, 히비스커스, 재스민 허니서클, 레몬, 레몬껍질, 밀크 초콜릿, 넥타린, 파인애플, 파이프 담배, 건포도, 라즈베리, 볶은 아몬드, 장미, 로즈힙
산미	말릭, 시트릭, 크랜베리, 락틱, 넥타린, 자두, 핵과류, 구조감 좋은 락틱, 생동감

8. Santa Teresa

점수	89.22
낙찰가	$40.10/lb
프로세스	내추럴
품종	게이샤
총평	깨끗하고 달콤한, 오렌지, 부드럽고 진득한, 구조감 좋은 밸런스
아로마/플레이버	베리, 플로럴, 꿀, 복숭아, 블랙티, 블루베리, 브라운 슈가, 캐러멜, 말린 과일, 만다린 오렌지, 빨간 사과, 사과, 살구, 체리, 다크 초콜릿, 건포도, 포도, 자몽, 녹차, 재스민, 재스민 허니서클, 망고, 메이플시럽, 마지팬, 오렌지, 파인애플, 자두, 설탕에 졸인 향신료, 사탕수수, 청포도, 백도, 와인 같은
산미	말릭, 시트릭, 락틱, 살아 있는, 마일드, 오렌지, 자두, 적포도, 핵과류, 구조감 좋은 말릭

9. Finca Toño

점수	88.75
낙찰가	$22.00/lb
프로세스	허니
품종	게이샤
총평	밸런스 있는, 시트러스, 콤플렉스, 구조감 있는, 우아한, 플로럴, 부드러운 마우스필
아로마/플레이버	플로럴, 꿀, 재스민, 초콜릿, 만다린 오렌지, 당밀, 오렌지, 복숭아, 바나나, 브라운 슈가, 버터, 캐러멜, 시트릭, 크랜베리, 말린 망고, 청사과, 청포도, 히비스커스, 허니듀, 키위, 레몬, 레몬그라스, 라임, 몰트, 멜론, 밀크 초콜릿, 머스캣, 넛맥, 토피, 수박
산미	말릭, 시트릭, 체리, 락틱, 포멜로, 적포도, 핵과류

10. Las Nubes

점수	88.53
낙찰가	$20.00/lb
프로세스	워시드
품종	게이샤
총평	깨끗하고 달콤한, 우아한 차 같은, 전반적으로 달콤한, 콤플렉스
아로마/플레이버	브라운 슈가, 캐러멜, 플로럴, 복숭아, 살구, 청사과, 꿀, 밀크 초콜릿, 넥타린, 자두, 바닐라, 아가베시럽, 초콜릿, 크림, 청포도, 녹차, 구아바, 허브 같은, 금귤, 레몬, 라임, 레몬그라스, 리치, 만다린 오렌지, 망고, 메이플시럽, 마시멜로, 민트, 달콤한 페이스트리 빵
산미	말릭, 시트릭, 복합적인 산미, 프루티, 망고, 핵과류, 타르타릭

    우선 2018년 우승 이후 수년이 지나도록 계속 높은 점수를 받아온 돈 카이토 농장이 올해 역시 1위를 차지했으나 과거와 달리 허니 프로세스로 가공했다는 점이 특징입니다. 허니 프로세스에 강점을 보이는 코스타리카답게 자연스럽게 기술이 발전했음을 예측해 볼 수 있습니다.

    또한 게이샤의 틈바구니 속에서 밀레니엄(밀레니오) 품종이 3위를 차지하며 지각변동의 가능성을 열어 뒀다는 점에 눈길이 갑니다. 이 품종은 로부스타와 아라비카를 결합해 탄생시킨 사치모르 품종에 수단루메 품종을 합쳐서 만든 개량종으로, 수확량 증대를 위해 만들어진 신품종입니다. 한때 거친 맛 등으로 시장의 외면을 받았지만 이제는 센서리 프로파일이 많이 개선되어 어떻게 재배하고 가공하느냐에 따라 높은 점수를 받을 수도 있음을 보여 주었습니다.

    그 밖의 변화를 보면 점점 해가 거듭할수록 트로피컬 계열의 과일 맛이 높은 점수를 받았음을 알 수 있고, 게이샤도 단순한 재스민 향에서 벗어나서 콤플렉스한 커피만이 살아 남았다는 사실도 확인할 수 있습니다. 점점 한두 가지 좋은 맛으로는 높은 순위에 다다르기 어려운 시대가 되고 있습니다.

에필로그

커피 맛은
거기서 거기입니다.

지금까지 '커피 센서리는 무엇일까?'라는 질문에 답하는 것부터 시작해서 커핑하는 방법과 점수를 매기는 방법 그리고 이러한 일을 하는 사람들의 이야기까지 다양한 관점으로 이야기를 나눠봤습니다. 다 읽고 나서 어떤 생각이 드나요? 혹시, 이런 생각이 들지는 않았나요?

'어렵다!'
'더 모르겠다!'

그렇다면 집필 의도에 맞게 읽어 주셨다는 생각이 듭니다. 애당초 커피 센서리를 글로 배운다는 게 말이 안 되니까요.

센서리란 첫 장에 나왔던 레트로네잘 액션, 즉 입과 코를 통해 습득해야 하는 것이며, 최종적으로는 우리의 뇌가 맛을 판단해 준다는 사실 기억하시죠? 여러분들은 충분히 잘 따라오신 겁니다. 이 책을 통해 저와 함께 뇌 속에 다양한 정보들을 새겨 넣는 데 성공했으니까요.

그럼 이제 무엇을 해야 할까요? 입과 코 속으로도 다양한 정보를 넣는 것. 바로 '실습'입니다. 영어를 공부할 때 문법만 배워서는 잘하기 어렵듯, 이제는 회화 연습에 돌입해야합니다. 자신감을 가지고 실전에 나서야한다는 말이죠.

영어 문법 강의를 몇 번이나 수강했어도 외국인만 만나면 쪼그라드는 것처럼 첫 커핑은 누구나 당황스럽고 힘들 것입니다. 하지만 해외여행을 갔다가 돌아오는 날엔 나도 모르게 자신감 넘치는 영어가 튀어나와서 "영어 별거 아니네!" 하고 생각하게 되지 않나요? 이렇듯 커핑은 하면 할수록 쉬워집니다.

물론 어디서 커핑을 해야 할지 난감할 수 있어요. 서울 같은 대도시에 계신 분들은 퍼블릭 커핑을 개최하는 주변의 로스터리나 학원에서 쉽게 경험할 수 있지만, 인프라가 충분하지 않은 곳에 있다면 쉬운 일이 아니겠지요.

하지만 걱정하지 마세요. 방법이 없는 것은 아닙니다. COE나 각종 대회에서 입상한 원두를 사서 프로파일과 점수를 보지 않고 심사관이 되었다는 마음으로 평가해 보는 방법도 있어요. 그 후에 대회 주최사의 홈페이지에 접속해 국제심사관이 평가해 둔 프로파일과 점수를 내 것과 대조해 보면서 무엇이 어떻게 다른지 확인하는 간접적인 칼리브레이션도 가능합니다. 혹은 프로파일을 잘 만드는 유수의 로스터리에서 원두를 구입하는 것도 좋습니다. 아무런 정보 없이 마셔보고 로스터리의 프로파일을 보면서 맞춰보는 거죠. 그 밖에 어디서나 참여할 수 있는 온라인 커핑도 있고, 하려고 하면 얼마든지 길이 열려 있으니 지금 바로 시작해 보세요!

그렇게 했는데도 여전히 힘드신가요? 괜찮습니다.

사실, 어차피 '커피 맛은 거기서 거기'거든요.

커피에서 아무리 다양하고 복잡한 맛이 나온다고 해도 그건 극히 미묘한 차이의 느낌일 뿐, 보통 사람이 볼 땐 그냥 커피 맛에 불과할지 모릅니다. 그러니 내가 특별한 요소를 찾아내지 못했다고 해도 그게 남들보다 능력이 부족해서는 아닐 거예요.

우선 너무 어렵게 생각하지 마세요. 지금 여러분이 느끼는 맛이 곧 프로파일이거든요. '이게 무슨 맛일까?' 하고 억지로 찾아낼 필요는 없습니다. 맛을 보는 그 순간 떠오르는 생각이 정답이니까요. 어차피 커피 안에 딸기 맛은 없습니다. 커피는 딸기가 아닌데 어떻게 딸기 맛이 존재할까요. 그저 딸기 맛과 비교해서 약간, 그것도 아주 미세하게 공통된 부분이 있을 뿐이죠. 그 일부분을 찾아냈다고 해도 정답이 될 순 없고, 남들이 이야기하지 않는 프로파일을 이야기했다고 해서 오답인 것도 아닙니다.

물론 이 책에서 지금까지 설명했듯 커피를 다양한 각도에서 평가하고 칼리브레이션을 해서 커피의 기준을 세우는 일은 의미 있는 작업이지만, 모든 사람이 하나의 정답을 향해 나아갈 필요는 없습니다. 센서리는 수학처럼 정답이 딱 떨어지지 않습니다. 맛의 기준은 시대와 문화, 그리고 집단에 의해 언제든 쉽게 변할 수 있는 영역입니다. 때로는 누군가 "정답"을 외치며 옳고 그름을 나누려 하기도 하고, 그럴 때마다 갈팡질팡 하며 기준을 잡지 못하고 흔들리는 분들을 볼 때도 많지만, 결코 두려워할 필요가 없다는 이야기를 하고 싶었습니다.

이 책을 통해 여러분이 충분한 커피 센서리 지식을 갖추고 커피를 건강한 취미로 즐기게 된 것만으로도 책을 쓴 목표는 이루었다고 생각합니다. 커핑을 이해하고 내 의견을 밝히는 것만으로도 이미 준전문가 수준에 도달했다고 할 수 있기도 하고요. 이제부터는 조금 더 용기를 가지세요. 자신 있게 마시고, 커핑하고, 또 생각하는 맛을 자유롭게 이야기해 보세요. 다시 한 번 말씀드리지만, '커피 맛은 거기서 거기'거든요.

커피 맛은
거기서 거기

커핑 초보자를 위한 A to Z 밀착 가이드북

2022년 11월 23일 초판 1쇄 발행
2024년 5월 7일 초판 2쇄 발행

지은이 김동완
펴낸이 홍성대
책임편집 홍유정
편집 이용호
디자인 지완
사진 김동완

펴낸곳 아이비라인
출판등록 2001년 12월 27일 제311-2003-00049호
주소 (04321) 서울시 용산구 한강대로 295 남영빌딩 506호
전화 (02) 388-5061 **팩스** (02) 388-9880
홈페이지 www.the-cup.co.kr

ISBN 978-89-93461-60-2 13590

·이 책은 저작권법에 따라 보호받는 저작물이므로 무단 전재와 무단 복제를 금합니다.